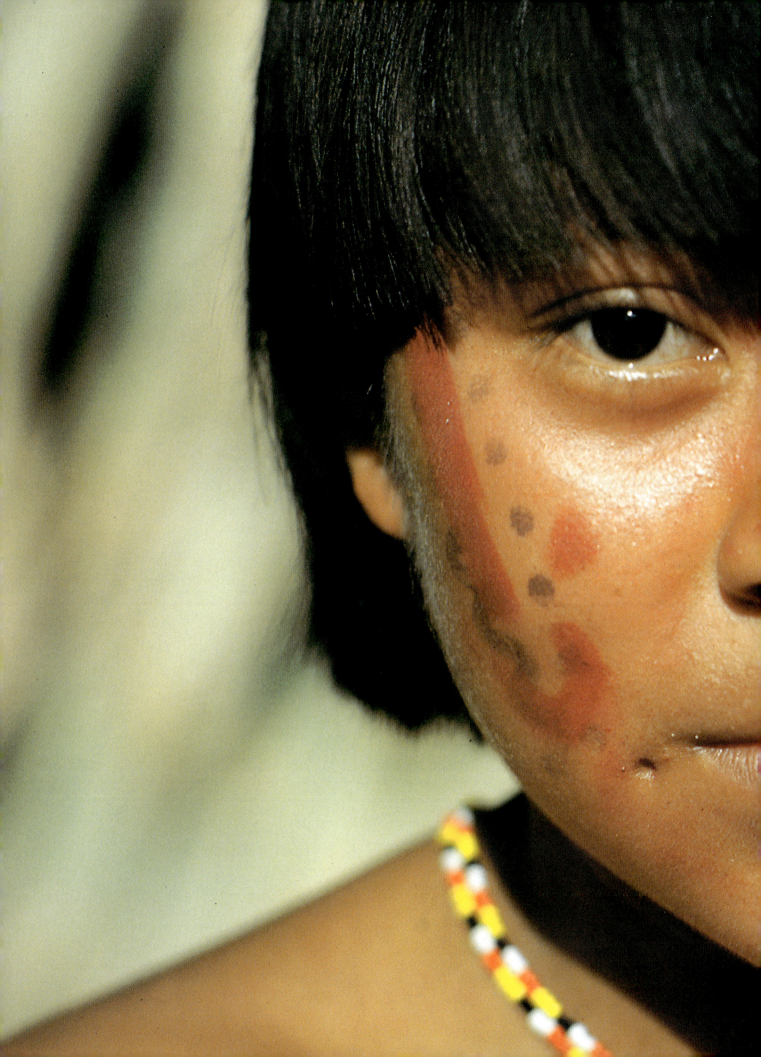

Cathleen Naundorf

Die Yanomami

Söhne und Töchter des Mondes

Die letzten Indianer in den Amazonaswäldern

nymphenburger

Die Yanomami, die im oberen Amazonasbecken Brasiliens und im Südzipfel Venezuelas leben, sind einzigartig in ihrer noch sehr ursprünglich erhaltenen Lebensweise. Sie laufen nackt, benutzen einfaches Werkzeug, jagen und sammeln im Urwald. Der Schlichtheit ihres privaten Besitzes stehen phantasiereiche Vorstellungen vom religiösen Kosmos, von Mythen und Ritualen gegenüber.
Die als kriegerisch, wild und unabhängig geltenden Yanomami zählen heute noch ca. zwanzigtausend Männer und Frauen und sind eines der letzten primitiven Völker dieser Erde.
Ich habe mir oft überlegt, was mich letztlich dazu bewog, in ein Gebiet der Erde zu fahren, das fernab liegt von allen zivilisatorischen Bequemlichkeiten, isoliert von der Außenwelt. Warum sich in eine fremde Lebenskultur mit anderen Werten, anderen Maßstäben und anderen Gesetzen begeben? Warum wochenlang unter schwersten Bedingungen fotografieren und auf die Gastfreundschaft eines Indianervolkes vertrauen, das als kriegerisch und grimmig gilt?
Die Begegnung mit den Yanomami war für mich viel mehr als das exotische Bestaunen eines Steinzeitmenschen, es war mehr als nur ein Ausflug in eine vom Aussterben bedrohte Kultur. In mir als modernem Zivilisationsmenschen weckten die Yanomami eine Ursehnsucht, einen Drang nach Verzicht. Und da war auch die Neugier auf freilebende Menschen, die durch ihren Ruf als gefährliche Krieger und vor allem durch die Isoliertheit ihre Ursprünglichkeit bewahrt haben. Es reizte mich, neue menschliche Verhaltensweisen innerhalb eines engen Sippenverbandes kennenzulernen. Spiegelten diese nicht auch unsere eigenen Wurzeln wider?
Natürlich hatte ich Literatur gelesen, wissenschaftliche Aufzeichnungen, Erklärungen von Forschern; auch traf ich vor Ort Ethnologen, sprach mit Buschpiloten, doch ein eindeutiges Bild ergab sich daraus nicht für mich. Mir wurde schnell klar, daß ein jeder unterschiedliche, ganz subjektive Erfahrungen gemacht hatte und daß auch die stereotype Vorstellung von friedlichen buntgeschmückten »edlen Wilden«, die im tropischen Paradies glücklich und in Ruhe vor sich hinleben, keineswegs der Realität entsprach. Vielmehr zeigten sich dieselben menschlichen Probleme, die in jedem engen Sozialverband entstehen, dieselben Ursehnsüchte, die alle Menschen verbinden.
Ich habe während meiner Zeit bei den Yanomami versucht, möglichst authentisch das Gesehene und Erlebte festzuhalten, habe Tagebuch geführt, gezeichnet und fotografiert. Zunächst kam ich in eine Missionsstation am Rio Catrimani, lernte dort Shila, eine sechsjährige Yanomami, kennen, die mir zur Freundin wurde und die mich mit in ihr Dorf nahm. Die letzte Zeit meines Aufenthaltes lebte ich in einem

Shabono, teilte das Leben der Indianer und lernte vieles verstehen und neu zu bewerten.

Das Leben der Yanomami ist heute bestimmt vom Kampf ums Überleben, vom Kampf gegen eine aggressive Zivilisation, die stetig und erbarmungslos in ihren Lebensraum Amazonas eindringt. Der Goldrausch, der in den siebziger Jahren begann, hatte eine Invasion von Tausenden Garimpeiros in den Staat Roraima zur Folge. Er brachte Krankheiten, gegen die die Yanomami keine Abwehrkräfte besitzen, und er brachte Kämpfe zwischen den goldsuchenden Eindringlingen und den Revierbesitzern. Ärzte stellten fest, daß bereits fünfzehn Prozent der Yanomamibevölkerung auf brasilianischem Boden in den letzten Jahren an eingeschleppten Krankheiten gestorben sind. Diverse Ölgesellschaften und die Industrie ringen unter stillschweigender Duldung der brasilianischen Regierung um die attraktiven Rohstoffe Erz, Kautschuk, Holz oder Öl. Für mehr und mehr Yanomami ist der soziale Verfall ihrer Lebensgemeinschaft die Folge des Kontaktes. Der FUNAI (Fundacão National do Indio), die 1967 zum Schutz der bedrohten Indianer gegründet wurde, sind zum Teil die Hände gebunden, da die rechtsprechenden Richter oft unter staatlichem oder wirtschaftlichem Druck stehen – die Lager in der Organisation selbst sind gespalten.

Den Yanomami bleibt daher nur eine Chance: sich Gehör bei der internationalen Menschenrechtsorganisation »Arbeitsgruppe indigener Völker« und den Weltkongressen der UNO zu verschaffen, bevor ihr Volk und ihre reiche Kultur für immer verschwinden.

Während meines Aufenthalts bei den Yanomami führte ich Tagebuch, fertigte Zeichnungen und Skizzen und sammelte Pflanzen der Region.

Das wochenlange Warten auf meine Einreisedokumente in das Indianerreservat der Yanomami fand Anfang Mai sein erlösendes Ende, als mir von der brasilianischen Indianerbehörde FUNAI – nach zahlreichen zermürbenden Gesprächen – endlich eine Bewilligung für den Aufenthalt in der staatlichen Kontaktstelle »Posto ingena M.C.« und der Mission Catrimani zugesprochen wurde.

Mein Reiseweg ging von Brasilia über Manaus in den nördlichsten Bundesstaat Roraima nach Boa Vista, dem letzten städtischen Außenposten für Forscher und Abenteurer, Goldwäscher und Spekulanten, bevor sich diese in das endlose grüne Universum wagen. Die begonnene Regenzeit machte den Landweg von der Siedlung ins Indianerrevier unpassierbar. Angeschwollene Flüsse hatten alle Brücken mitgerissen. So blieb mir nichts anderes übrig, als mich für den teueren, aber schnellen Luftweg zu entscheiden. Doch für die nächsten Tage hieß es wieder warten: Ein Start war wegen der Gewitterfronten, die sich über den südlichen Hochplateaus Venezuelas mit den gewaltigen Regenmassen des Amazonas vereinten, nicht möglich.

Mir schien es, als hätte ich mir dieses Mal zuviel zugemutet. Monatelange Vorbereitungen hatte ich hinter mir, und nun saß ich hier, kurz vor dem Ziel, mit 148 Kilo Gepäck und meinen »stolz« erworbenen Papieren, und dann erzählt mir ein angereister Ethnologe von Yanomami im T-Shirt und fahrradfahrenden Kindern, die er in der naheliegenden Mission Demini bei seiner »Feldforschung« beobachtet hatte.

Leuchtendblaue Wolkenfetzen signalisierten nach Tagen Hoffnung vom Himmel – endlich kam der ersehnte Aufbruch. Rechts neben dem Piloten hatte ich auf einer Verpflegungskiste Platz genommen, der besseren Aussicht wegen. Der hintere Teil des ohnehin äußerst schmalen Buschflugzeuges war vollgestopft mit Geschenken: Macheten, Taschenlampen, Streichhölzer, Dutzende von Küchenmessern, sechzig Paar Badeschlappen, Glasperlen, Fischereiequipement, Eimer, eiserne Pfeilspitzen und den begehrten Kautabak, für den die Yanomami angeblich Meilen zurücklegen.

Die einmotorige Maschine verließ Boa Vista in südlicher Richtung, durchschnitt die flachen Ebenen um den Rio Mucajai und flog entlang des »Weißen Flusses«, des Rio Branco, der sich mit seinem Bruder, dem Rio Negro, unterhalb bei Carvoeiro mit dem legendären Solimoesfluß zum Amazonas vereint.

Die Gebirgszüge Venezuelas versteckten sich hinter vollbeladenen Gewitterwolken. Bizarre Bergspitzen wurden von gewaltigen Nebelbänken fest umschlungen. Diese nähren den Wald und bilden zarte, silberschimmernde Wasseradern, die das gigantische Flußsystem mit Nachschub versorgen. Unendlich wuchernde Weiten des Waldes lagen unter mir. Und erst nach stundenlangem Flug zeigte sich mir das erste Anzeichen einer menschlichen Behausung in Form eines runden Blätterhauses, das nach außen geschlossen war: der Shabono der Yanomami.

Eine mit Schotter aufgefüllte Landepiste führte direkt auf eine kleine Lichtung, von der die metallenen Dächer der Mission auffällig blinkten. Beim Landeanflug tauchten plötzlich unbekleidete Indianer mit Pfeil und Bogen aus dem grünen Nichts auf, und ihre blutrot bemalten Körper leuchteten im grünen Regenwald. In diesem Augenblick liefen mir Tränen über das Gesicht, erlöst von allen Selbstzweifeln und glücklich und zufrieden über solch einen Augenblick – endlich am Ziel.

Am Ende der Landebahn erwarteten mich die katholischen Missionare mit überschwenglicher Freude und Herzlichkeit. In Sekundenschnelle wurden Hände geschüttelt und Umarmungen ausgetauscht. »Du bist Fotografin, nicht wahr? Wie viele Monate bleibst du? Was gibt es in Boa Vista? Herrgott, endlich ein neues Gesicht!« Es war ein wunderbares Durcheinander. Die Yanomami beäugten stumm das bunte Treiben und schielten unentwegt zu den verschnürten Paketen mit meinen Geschenken, die ich ihnen jedoch erst bei meiner Abreise geben wollte. Ich brachte in den ersten Minuten kein einziges Wort heraus, als ich die zierlichen Geschöpfe mit ihren rotbemalten Körpern vor mir sah. Es irritierte mich anfangs schon sehr, daß ich das verwirrte Wesen in diesem Szenario war.

Zunächst blieb ich ein paar Tage in der Mission Catrimani. Sie lag am linken Ufer des gleichnamigen Flusses und bestand aus sieben kleinen schlichten Steinhäusern, der Funkstation, der Küche, zwei Unterkünften, einem medizinischen Labor und Ambulanz, einer aus Bambus geflochtenen Hütte für schulische Zwecke, die aber meist leer blieb, einem Hühnerstall und einem betonierten Wasserturm, der zu meinem Aussichtspunkt über die Baumwipfel des südöstlichen Yanomamireservates wurde.

Man hatte mir nach meiner Ankunft das Holzhaus am Ende der Siedlung als Domizil gegeben. Ein Garten mit Maniok, Zuckerrohr, Zwiebeln und Bananen schloß sich direkt an.

Meine Unterkunft war ziemlich bescheiden gehalten mit einem Bett, zwei Stühlen und einem Tisch. An den Holzwänden hingen Armbinden aus Büscheln zusammengebundener Arafedern und ein geflochtenes Bambuskreuz. Der quadratische Raum wurde durch eine tiefhängende Lampe zerschnitten, die die Tropennächte nur spärlich erhellte. Meine Dusche, ein daumendickes Eisenrohr, führte direkt außen vom Dach in einen Nebenraum, dessen Wände mit unzähligen Pilzkulturen überzogen waren und an denen es von unliebsamem Kleingetier nur so wimmelte. Vor dem Einzug suchte ich mit einer Taschenlampe alle Ecken und Ritzen nach eventuellen Mitbewohnern ab. Mir schien es auf jeden Fall ratsam zu wissen, mit wem ich meine Behausung zu teilen hatte. Ein dunkler Fleck unweit der Toilette entpuppte sich dann bei näherer Betrachtung als eine schwarzbehaarte Vogelspinne. Ihr Korpus allein wies schon die Größe eines Balls auf.

Mit meiner Schreckensmeldung in der Mission löste ich ein schallendes Gelächter aus. Sollte es sich hier etwa um ein ebenso liebenswürdiges wie liebgewonnenes Haustier handeln?

Felicita, Arzthelferin in der Mission, beschrieb mir in allen Details die Besonderheiten und die Vielzahl der Arten, die in dieser Gegend vorkommen, was mich jedoch nicht sonderlich beruhigte. Bei ihrem letzten Besuch oberhalb des Flusses habe sie einige gekochte Vogelspinnen bei den Indianern gesehen. Sie seien zwar wegen ihres Giftes gefürchtet, aber nicht besonders angriffslustig.

Da stand ich nun wieder in meiner Hütte, die Taschenlampe noch immer auf das scheußliche Dunkel gerichtet. Das Moskitonetz schnürte ich die erste Nacht besonders fest zu. Ich überlegte mir, vielleicht

Jeden Morgen besuchten mich neugierige Yanomami und warteten vor meiner Hütte, um nach Geschenken zu betteln oder mich bei der Arbeit zu beobachten.

morgen einen Yanomami dazu überreden zu können, sich bei mir eine Delikatesse einzufangen.

Am nächsten Morgen blickten leuchtende mandelförmige Augen durch das netzbespannte Fenster. Sie beobachteten mich neues Wesen, wie ich unter meinem Moskitonetz lag und fluchend versuchte, kleine Eindringlinge zu zerdrücken.

»Katharina, Katharina«, hörte ich leise, jedoch mit einer Klarheit, die mich überraschte. Die Kinder kamen von da an immer kurz nach

Sonnenaufgang, legten die Hände um das Gesicht und drückten es gegen das dünne Gitter. Dieses Ritual gehörte zu meinem täglichen Erwachen unter den dünngewebten Stoffbahnen wie das tägliche Waschen unter den neugierigen Blicken vieler Augen.

Es verging kein Tag, ohne daß die Mission von vereinzelten Yanomamifamilien besucht wurde. Sie verstanden es geschickt, mit wehmütigem Gesichtsausdruck um die Küche zu schleichen und mit sanfter Art um Speisen zu betteln. Ich empfand es zu Beginn als Grausamkeit, hier von einer Köchin mit abwechslungsreichen Mahlzeiten umsorgt zu werden, während draußen vor der verschlossenen Tür Menschen standen, die sich von Raupen und Wollaffen ernähren mußten.

Mit der Zeit begriff ich jedoch die Politik der Distanz. Ein jeder lebte in seiner Realität, seinem Gemeinschaftssystem. Die Eigenarten, die beide Seiten aufwiesen, mußten toleriert werden – wenn auch ein Verstehen nicht immer möglich war. Würde man die umliegenden Yanomamistämme täglich durch eine ihnen unbekannte Küche versorgen, wäre alsbald ihr Lebensrhythmus verändert, was eine Abhängigkeit zur Folge hätte, die fatale Auswirkungen haben konnte.

Obwohl einerseits die Yanomami ständig hinter mir herliefen, an mir zerrten und mit ihren unerbittlichen Fragen nach Geschenken meine Geduld fast überspannten, brachten sie mir andrerseits doch viel Respekt entgegen. Sie hatten niemals versucht, mein Haus zu betreten, oder Anstalten gemacht, meine vielfach bewunderten Wäscheklammern von der Leine zu stehlen. Der Besitz des anderen war ihnen heilig, solange jeder sich innerhalb seiner eigenen Grenzen bewegte. Das bedeutete jedoch nicht, daß es ihnen keinen Spaß bereitete, mich mit allen Mitteln zum Teilen zu zwingen. Verteilte ich an einen Yanomami Streichhölzer, umringte mich am anderen Tag die ganze Verwandtschaft mit den Rufen: »Gib mir!« Mit diesem Verhalten konnte ich anfangs nicht umgehen, und so entschloß ich mich, nichts mehr zu verschenken, sondern nur zu tauschen, um den Handel im Gleichgewicht zu halten. Meine Gastgeschenke verursachten Neugierde und große Aufmerksamkeit.

In der Mission erfuhr ich Einzelheiten über die umliegenden Yanomamigruppen und die Mission. Mein Respekt galt besonders Bruder Antonio, einem alten Mitglied der katholischen Mission, der mehr als dreißig Jahre hier gelebt hatte und mit dem Flugzeug zurückgeflogen war, mit dem ich ankommen war. Maria, eine Lehrerin aus Portugal, unterrichtete im rundangelegten Bambushaus Schreiben und Lesen.

Die Yanomami haben keine Schriftsprache. Ihren eher geringen Wortschatz bereichern Urlaute und Imitationen von Tierlauten. Es ist unvorstellbar, wie die geschulten Zungen der Yanomami das Brüllen eines Macacoaffen oder die Balzrufe von Hokkohühnern nachahmen konnten. Auch war ich über ihr Merkvermögen erstaunt. Wenn ich mich gelegentlich mit Pater Andreas unterhielt oder zeitweise Selbstgespräche führte, schnappten besonders Neugierige unter ihnen die letzten Wortfetzen auf und wiederholten diese – selbst die phonetische Wiedergabe stimmte mit meiner Aussprache im genausten überein. Daran ließ sich ihr ungemein sensibles Gespür für Klänge, Geräusche und Rhythmen erkennen. Ich war fasziniert und mußte beschämt feststellen, daß ich mit ihren nasal gesprochenen Lauten viel weniger zurechtkam. Unterrichtet wurde nur gelegentlich, wenn vereinzelt Yanomami in der Schule auftauchten. Meist waren es die jüngeren, die Freude an den »bunten Holzstäbchen«, wie sie die Filzschreiber nannten, den großen weißen Blättern und den Bildertafeln fanden. In ihren Heften wiederholten sich in ihrer Sprache Yanomam die Begriffe Jaguar und Banane, Yanomami und Shabono. Doch allzu lange hielten weder Lehrer noch Schüler durch: Die Kleinen wurden gebraucht, weil sie ihre Familie bei der Nahrungssuche unterstützen mußten, und uns Nichtyanomami war die Hitze unter dem Blätterdach unerträglich.

Junge Yanomami in der Schule von Catrimani. Da die Yanomami keine Schriftsprache besitzen, lernen die Kinder heute ihre eigene Sprache, wie sie von den Missionaren aufgezeichnet wurde.

Die ersten Tage in der Mission gaben mir die Möglichkeit, mich mit den Lebensgewohnheiten der hier umliegenden Yanomamistämme vertraut zu machen. Ich nutzte die Zeit, studierte die Aufzeichnungen der Missionare und alberte mit den Indianerkindern in der Schule. Man gewöhnt sich erstaunlich schnell an die feuchte Hitze, den schwindenden Luxus und entwickelt rasch einen neuen Tagesrhythmus.
Nach einer Zeit begleitete ich Felicita, die Krankenschwester, auf ihrem Weg zu einer Yanomamifamilie, die in der spitzzulaufenden Hütte lebte, die mir schon bei der Ankunft aufgefallen war.
Beim Betreten des Blätterhauses machten wir uns mit tiefgesprochenen Lauten bemerkbar. Aus einem dunklen Nichts tönten »haa, hooa« – eine Art Willkommensgruß. Man tappte ziellos ohne Orientierung in einem rauchangefüllten Raum, in dem sich nur die Ausgänge zu beiden Seiten vage erkennen ließen.

Es gab keinen Rauchabzug, nicht ein Fenster oder offen gehaltenes Terrain. Von den Menschen waren nur Umrisse zu erkennen oder ihre Stimmen zu orten.
Manche hingen in ihren Hängematten, andere hockten um eine Feuerstelle. Ein Yanomami war letzte Woche von einem Jaguar angefallen und schwer verletzt worden. Felicita kam mit Medizin und Verbänden, um die Kopfwunde zu versorgen. Die Stimmung war merklich schlecht. Ein stattlicher Mann von Mitte Dreißig bewegte sich schwerfällig nach draußen. Beim Anblick der Schädelfraktur wurde mir fast übel. Der Kopf war mit Furchen übersät, die sich zu dicken Wülsten und einer bösartigen Entzündung entwickelt hatten. Makiupittheri, die Ehefrau des Jägers, beobachtete die Behandlung mit kritischen Augen. Liebevoll wusch sie die Beine und Arme ihres Mannes, um die Durchblutung zu fördern. Es war ein trauriger Anblick. Wenn er starb, verlor die gesamte Sippe einen wichtigen Ernährer. Der Bruder des Verstorbenen würde jedoch mit seiner Schwägerin eine Verbindung als Zweitfrau eingehen, um die Versorgung ihrer Familie zu sichern.

In dieser Hütte wohnt eine Großfamilie. Hinter dem Blätterhaus schließt sich der Garten an, in dem die Yanomami ihre Nahrung, aber auch Hölzer für den Hausbau oder Gräser anbauen, die sie zum Haarschneiden oder als Schmuck verwenden.

Feste Verwandtschafts- und Heiratsregeln bestimmen das Zusammenleben der Menschen in einem Yanomamidorf. Die Regeln sind sehr kompliziert und auch für einen Yanomami schwer zu erklären, obwohl sie für sie selbst eindeutig und unumstößlich sind. Verstöße gegen die Heiratsregeln oder den ehelichen Geschlechtsverkehr werden streng geahndet. Heiratet ein Mann eine Frau aus einer verbotenen Reihe, d.h. eine Angehörige aus der Kernfamilie (z.B. die Schwester) und Frauen der gleichen Generation zweiten Grades (z.B. die Tochter der Schwester der Mutter oder die Tochter des Bruders des Vaters), gilt das als Inzest oder yawaremou, blutschänderisch. Werden diese Regeln überschritten, wird einem Mann eine »Grimmigkeit« zugestanden, um sich zu wehren. Das Gesetz darf auch übertreten werden, wenn einem Yanomami im zeugungsfähigem Alter keine gebärfähige Frau zur Verfügung steht.
Männer heiraten um die zwanzig, Frauen meist schon mit fünfzehn Jahren, sobald sie fruchtbar sind und Kinder austragen können, was

eine Verschiebung der Lebensalter der einzelnen Generationen zur Folge hat. Um für die nächste Geschlechterfolge die Funktionsfähigkeit des Heiratssystemes zu sichern, gehört Polygamie zu den tolerierten Ausnahmeregeln. Je mehr Frauen ein Mann hat, um so mehr Cousinen ersten Grades stehen für seine Enkel wieder zur Verfügung. Da ein heiratsfähiger Yanomami normalerweise seine Eltern sehr früh verliert, muß er allein die Auswahl seiner Partnerin treffen. Das bedeutet, daß er ausführliche Kenntnisse über Stammbäume und blutsverwandte Familienbündnisse besitzen muß.

Ich war deshalb nicht sehr verwundert, als ich ein dreizehnjähriges Mädchen namens Aurima kennenlernte, das sich als Zweitfrau ihren fünfundfünfzigjährigen Mann Kahu mit seiner sechzigjährigen Ehefrau Wakarama teilte. Auch Kahu war letzte Woche von einem Jaguar angegriffen und tödlich verletzt worden. Aurima war somit in ihren jungen Jahren schon Witwe.

Verletzungen und Unfälle sind beim Jagen im Regenwald keine Seltenheit. Der nur mit Pfeil und Bogen und einem Holzköcher ausgerüstete Indianer muß rasch und absolut sicher reagieren. Durchbohrt sein Speer die Beute nicht tödlich oder ist die Dosis seines Giftpfeiles nicht stark genug, sind lebensbedrohliche Kämpfe zwischen Jäger und Großwild nicht ausgeschlossen, deren Ausgang verheerende Folgen haben kann. Ernsthafte Verwundungen sind daher bei jungen männlichen Yanomami keine Ausnahme. Gelegentlich müssen auch Beinamputationen vorgenommen werden, wenn ein Indianer z.B. versehentlich auf eine Schlange tritt – ein schlimmer Verlust für einen stolzen Jäger, der nun dem Spott seiner Sippe ausgesetzt ist. Hinzu kommt das Zerkratzen der Haut durch tropisches Buschwerk und die Attacken der Insekten, die die Körper der Yanomami oft mit unansehnlichen Stichen und geschwollenen Furunkeln übersähen. Einen wirklich drastischen Krankheitszuwachs verursachten jedoch die eingeschleppten Krankheiten, die häufig zu Todesfällen führen und regelrecht ganze Familien aussterben lassen. Dazu gehören Tuberkulose, Malaria, Masern und Geschlechtskrankheiten.

Es traf Gruppen wie die Mauxiiutheri, die Rohahipiiteri und die Apiahiupraopiitherie, deren Sippe sich durch zahlreiche Todesfälle stark dezimierte. Auffallend ist auch die Zunahme von grippalen Infekten, die nahezu in jedem Stammesverband anzutreffen sind. Unumstößliche Tatsache bleibt, daß das Immunsystem der Yanomami keine Abwehrstoffe für solche Krankheiten entwickeln konnte. Während meines Aufenthaltes in der Mission stellte man zunehmend Gehirnschäden bei Kindern und Atemwegserkrankungen fest, die durch große Mengen von Quecksilber, die oberhalb des Wasserlaufes durch die Goldwäscher ins Wasser gelangt waren, ausgelöst wurden. Unübersehbar waren auch die dicken Bäuche vor allem der Kleinkinder. Die Sterblichkeitsrate ist erschreckend hoch. Es gab Fälle in Yanomamifamilien, bei denen siebzig Prozent der Neugeborenen in Kürze erkrankten und starben. Durchfallerkrankungen sind häufig die Ursache oder fehlende Hygiene. Weniger angenehm – obgleich fast ein jeder davon betroffen ist – ist Onchozerkose, ein Wurmbefall des Magen-, Darmbereiches, der von der im Wasser und in Tümpeln lebenden Kriebelmücke übertragen wird und ohne Behandlung zur Erblindung führt.

Neben den Krankheiten und Jagdunfällen haben die Indianer kaum Schutz vor Angriffen wilder Tiere. Zwar sind Überfälle auf Indianersiedlungen eher selten, kommen aber doch gelegentlich vor. Am gefährlichsten werden den Menschen Raubkatzen, die sich an die dörfliche Umgebung gewöhnt haben und keine Nahrung mehr finden. In diesem Fall hatten die Yanomami nicht bedacht, das ökologische Gleichgewicht zu bewahren, und über einen längeren Zeitraum das Revier des Jaguars überjagt, der sich nun seine Beute bei den Zweibeinern holen mußte. Die Attacken der Raubkatzen wurden so häufig und unberechenbar, daß sich nach dem Tod des ersten Opfers ein Großteil der Sippe entschloß, den Standort zu wechseln.

Immer öfter erwischte ich mich bei Gedanken, die Phantasiegestalten meiner Kindheit mit der gegenwärtigen Realität vermischten, wie Dutzende kleiner Moglikinder umhersprangen und verängstigte Yanomami von ihrem Herrscher des Waldes, vom Jaguar, und den Riesenschlangen des Flusses erzählten. Die tropische Hitze versetzte uns alle in eine Art Trance und entschuldbare Trägheit.

Mit den andauernden Regenfällen wurden unsere Ausflüge immer seltener. Wir waren immer intensiver damit beschäftigt, die Dächer zu reparieren, und ich, meine feuchten Aufzeichnungen zu trocknen.

Auf meinen Besuchen in den verschiedenen Dörfern war ich oft verblüfft, wieviel Macheten, Stahleimer, kurz Metallerzeugnisse aus unserer Welt in die abgelegensten Regionen gelangt waren. Da sich nützliches Werkzeug zügig verbreitet, war es verständlich, daß über den Tauschhandel selbst Siedlungen, die noch keinen Kontakt zur Außenwelt gehabt haben, mit Stahläxten und Angelschnur ausgerüstet sind. Es ist also anzunehmen, daß die Kultur der Yanomami auch schon in früheren Jahrhunderten indirekt von außen geprägt wurde, was z.B. auch die Verwendung der Kochbanane zeigt, die importiert wurde und heute aus keinem Shabonogarten mehr wegzudenken ist. Wie alle Kulturen dieser Erde unterlagen also auch die Yanomami einer gewissen Veränderung.

Unendlich wucherndes Grün bestimmt das Bild des Amazonas von oben. Nach stundenlangem Flug zeigt sich die erste menschliche Behausung (rechtes Bild). Der Shabono ist das Gemeinschaftshaus einer Yanomamigruppe, die wiederum in Kernfamilien untergliedert wird und ihre eigenen abgetrennten Räume im runden Blätterhaus zugeteilt bekommt. Ein Shabono wird aus Hartlaubpalmen gebaut und hält in der Regel zwei Jahre dem Regen stand.

Meine Führerin durch den Dschungel
war ein kleines Mädchen von sechs Jahren. Ihr Name ist Shila, und sie gehört
der Gruppe der Maamapiitheri an.

Im Dorf

Nachdem der Regen der letzten Tage die Welt unter sich gewaschen hatte, kehrte das Leben an die Öffentlichkeit zurück. Der Hauseingang aus Steinfußboden war abermals für den Ameisenverkehr freigegeben, und meine gepreßte Pflanzensammlung mußte erneut ihre Blätter für die kleinen Beißer lassen. Zu meinem Bedauern stellte ich fest, daß nahezu die gesamte restliche Kleidung vermodert war, die Gelatineschicht von Dutzenden Filmen aufgequollen und auch das Kilo Fotobatterien Ansätze von Rost zeigte.

Mir schien es jetzt zeitlich angebracht, meinen ersten Fotografierversuch zu starten. Einen Teil meiner Fotoausrüstung breitete ich in Form eines Baumwollbündels auf dem Boden aus. Akribisch begann ich, die Unmengen von funkelnden Metallteilen zu putzen. Mit überzogener Mimik und dramatischen Gesten spielte ich die Rolle eines Fotografen, der liebevoll die spiegelnden Flächen poliert und die Dinge mit ernsthafter Gründlichkeit beäugt. Ich kam mir in diesem Stück ziemlich albern vor, hoffte jedoch auf seine Wirkung. Bis sich meine Absicht völlig zerschlug, als beim Drücken des Auslösers meiner Kamera die Köpfe der Yanomami in Windeseile verschwanden und ich nur noch ein kurzes Rascheln im Wald vernehmen konnte.

Das Aufknallen des Kameraspiegels klang für die Yanomami so bedrohlich wie das Zischen eines Pfeiles, was mir auch später oft noch zornige Blicke einbrachte. Ihr Mißtrauen und ihre Befangenheit gegenüber dem fremden Objekt hatte sich nach einiger Zeit gelegt. Es ging sogar so weit, daß die Yanomami nicht nur alles Neuartige befingerten, in die Hände nahmen und mit einer kindlichen Neugierde bestaunten, sie erhoben auch einen Besitzanspruch ihrerseits. Als sie einige meiner Filme vergeblich nach bösen Geistern abgesucht hatten, verloren sie das Interesse endgültig und schenkten mir kaum Beachtung, wenn ich mit meiner Ausrüstung hantierte.

Nach und nach gewöhnten sie sich an mich und an meine in ihren Augen unverständlichen Eigenheiten. Nur ein Mädchen von sechs Jahren blickte mich unentwegt fragend an und neigte dabei ihren Kopf, wenn sie mit ihren kleinen Fingern an mir neue Fundstücke entdeckte. Sie hieß Shila. Oft stand sie da wie ein wehmütiger Krieger, der Aufmerksamkeit suchte. In der Kinnpartie trug sie drei schmale Holzstäbchen, die bei den Erwachsenen Yanomami auch zwischen der Nasenscheidenwand und den Ohrläppchen getragen werden. Im Alter von drei bis vier Jahren werden den Yanomamikindern mit Hilfe eines Affenzahnes Löcher für diese Art Schmuck gebohrt. Die dafür benötigten dicken Grashalme pflanzen die Stämme in ihren Shabonogärten an. Gelegentlich sah ich auch Frauen mit Hibiskus- oder Orchideenblüten, mit denen sie ihr Ohr schmücken. Meist verwenden sie ordinäres Gras, der Einfachheit halber, zu Festlichkeiten läßt der Hauspapagei jedoch schon mal seine Federn.

Zwischen Shila und mir entwickelte sich langsam eine Freundschaft. Sie brachte mir Federn, seltsame Knochenteile und manchmal Früchte, die meist noch ganz grün waren, ich jedoch des guten Willens wegen verspeiste.

Eines Tages zerrte sie mich von der Mission auf einen Pfad durch den Dschungel. Anscheinend war die Zeit gekommen, ihren neuen Liebling zu Hause vorzustellen. Shilas zartgeformter Körper bewegte sich anmutig durch die hochgewachsenen Pflanzen. Manchmal drehte sie sich nach mir um und deutete mit ihren dünnen Armen auf mir fremdartige Gewächse. Mit einem Klopfen auf die Brust oder einem grellen Klatschen in die Hände unterstrich sie ihren dramatischen Gesichtsausdruck, um mich auf die Gefahren, die mich umgaben, aufmerksam zu machen.

Junge Mädchen verbringen mit ihren Freundinnen bis vor ihrer Heirat die meiste Zeit miteinander und verlassen nur selten das Dorf. Während die Burschen schon in kleinen Jagdtrupps durch den Urwald ziehen, gehen erst die verheirateten Frauen zum Fischen in die Tümpel oder in die entfernt gelegenen Shabonogärten.

Nach einer längeren Wanderung gab das grüne Dickicht eine Lichtung frei und zeigte eine Dorfsiedlung, die auf einer aufgeschütteten Ebene lag. Traditionsgemäß suchen die Yanomami für den Bau einer Siedlung höhergelegene Terrains und meiden das Gelände, das im Umkreis größerer Ströme liegt, um Überschwemmungen auszuschließen. Wird eine Fläche für optimal erachtet, schlagen sie die größten Bäume und brennen Sträucher und Buschwerk nieder.

Die Größe eines Dorfes wird einerseits davon bestimmt, daß eine gewisse Anzahl Menschen notwendig ist, um einem Sippenverband ausreichend Sicherheit für das Überleben geben zu können. Gewöhnlich haben fünfzig bis hundert Personen in einem Shabono Platz. Aus verschiedenen Gründen kann sich die Stärke der Gemeinschaft erhöhen, jedoch konnte man häufig vor einem zu raschen Anwachsen einer Sippe eine Abspaltung von Großfamilien beobachten.

Ein weiterer Aspekt ist für die Größe des Dorfes wichtig, der die Lebenskultur der Yanomami entscheidend prägt: die Bündnispolitik mit den umliegenden Nachbarstämmen. Durch eingegangene Verbindungen, sei es durch Heirat oder gemeinsame Feinde, sind die Dörfer gezwungen, genügend Platz für die gelegentlichen Besucher zu schaffen. Beim Bau eines Shabonos müssen daher Räumlichkeiten für nahezu hundert Gäste eingeplant werden.

Als wir nah genug am Blätterhaus waren, gab Shila Erkennungslaute von sich und griff mitten in eine sechs Meter hohe Wand gelbtrockener Palmenblätter, die in rundangelegter Form das Gemeinschaftshaus verkleideten. Sie führte mich durch den geflochtenen Hauseingang in ihren Shabono.

Die Behausung war nach außen hin geschlossen. Der Boden bestand aus festgestampfter Erde. Einzige, aber durchaus ausreichende Lichtquelle war ein geöffneter Innenhof, der es erlaubte, Wetterprognosen zu geben, ohne das Haus verlassen zu müssen.

Der rund angelegte Innenhof eines Shabonos ist der wichtigste Platz für die Dorfgemeinschaft.

Er ist Dorfplatz für Versammlungen, Diskussionen und Stammesfehden. Erkennbar waren die verschiedenen Feuerstellen, die den Besitz einer jeden Familie kennzeichneten. Die Parzellen waren offen und nicht voneinander abgetrennt und umrundeten den Dorfplatz. Ihr ganzes Leben, die täglichen Bedürfnisse und alle Handlungen konnten praktisch von jedem Nachbar belauscht, gesehen und gerochen werden.

Die robuste Konstruktion des Shabono wird normalerweise von vier Hauptpfeilern getragen, die mit einem Durchmesser von sieben Zentimetern in der Erde verankert werden. Schmälere seitliche Pfosten in Menschenhöhe, bei den Yanomami eine durchschnittliche Größe von einem Meter sechzig, stabilisieren den Dachauslauf.

Der Abstand der Stangen ermißt sich aus der Länge der Hängematten, die bis zu drei Meter langgezogen sind. Oberhalb der Verstrebungen verschnüren die Männer beim Bau eines neuen Hauses parallellaufende Bambusrohre mit reißfesten Lianen, die zusätzlichen Halt und einen hervorragenden Lagerplatz für Bananen, getrocknetes Fleisch oder Körbe bieten.

Das Dach des Sippenhauses ruht auf einer engen Folge von Holzstäben, die mit einem Rankennetz verknotet sind. Palmwedel, die von den Frauen herangeschafft werden, werden gleichmäßig dicht mit den Blättern der Canahopalme an Wänden und Giebel verwebt. Die Palmenlagen reichen bis zum Erdboden herab und schließen die Behausung zeitweilig vor dem Eindringen der Nässe.

Ein Shabono übersteht gewöhnlich nicht mehr als zwei Regenzeiten, da das Blätterdach nach und nach irreparable Stellen aufweist und die Brutstätten des Ungeziefers beherbergt.

Betrat man eine Hütte, hörte man das permanente Brummen und

Surren von Fliegen und Grillen, die in bewegten schwarzen Flächen an der Decke wanderten. Die Krabbeltiere werden nach einer gewissen Zeit derart zur Plage, daß die Yanomami das Haus abbrennen und an einer neuen Stelle ein neues errichteten.

Shila gehörte zum Stamm der Maamapiitheri. Vor einigen Wochen hatte sich ein Teil der Sippe getrennt und war nach einer Dorfversammlung mit der Gruppe der Mauxiiutheri und der Makiupittheri fünfundzwanzig Kilometer flußaufwärts gezogen.

Da viele Indianer wegen der unberechenbaren Jaguarüberfälle ihr Leben in Gefahr sahen, waren nur wenige hier im Shabono zurückgeblieben.

Nachdem mich Shila im Haus herumgeführt hatte, schwang sie sich in ihre Hängematte und ließ mich von allen bestaunen. Mehr und mehr Indianer kamen langsam auf mich zu, rümpften die Nase, berührten die Kleidung und ulkten über meine hohen Schnürstiefel, deren Profile einem Autoreifen glichen.

Ich mußte für sie schon ein belustigendes Bild abgegeben haben, vor allem mit meinem ständig umschlungenen Kopftuch, das ich immer zurechtrückte, um auf keinen Fall Kopfläuse zu bekommen, was den Yanomami völlig unverständlich war. Spätestens hier trennte sich eindeutig unser Sinn für Hygiene und Eßkultur. Immer wieder bestaunte ich die Indianer, wie sie hintereinander gehockt dasaßen, um sich die Haarschöpfe gegenseitig nach Läusen abzusuchen. Sie knackten die Beißer dann genüßlich und verspeisten diese.

Plötzlich entwickelte sich eine Unruhe im Shabono. Eine Nachbarsfamilie betrat mit Macheten, geflochtenen Körben und Lianen den Innenraum. Es handelte sich um die Verwandtschaft Makasikimas, dessen Bruder in den Stamm der Arapariutheri eingeheiratet hatte. Ihre Gärten lagen unweit voneinander entfernt, und sie waren nun gekommen, um gemeinsam in den Pflanzungen zu roden.

Die Autorin mit einem jungen Yanomami-Krieger.

Shila legte daumendicke Lianen in einen Hartlaubbehälter, und zwei junge Frauen schlangen sich Tragekörbe um den Kopf. Die Schlaufen aus Baumrinde reichten von der Stirn bis zu den Korbböden.

»Whà, whà« hieß soviel wie »Korb mitnehmen«, und mit einem Gesichtsausdruck, der sagen wollte: »Wenn du schon mal hier bist, dann tu auch was!«, deutete Shilas kleine Hand auf ein Korbgeflecht.

Der Whà trug sich bequem. Das Gewicht erleichtert sich enorm beim Senken der Stirn. Hält man das Gleichgewicht noch bei vollbeladenem Behälter, dann gilt man als geschickt.

Die Pflanzung der Maamapiitheri lag eine Stunde zu Fuß vom Dorf entfernt. Zwar nimmt die Gehzeit zu den angelegten Gärten selten mehr als einen Tagesmarsch in Anspruch, dennoch sind sie schwer zu finden und werden für eventuelle zweibeinige Räuber besonders gut getarnt.

Die Yanomami führen in den ersten Lebensjahren ein sehr freies Leben, werden jedoch auch früh mit den Pflichten eines jeden einzelnen vertraut gemacht.

Ein Garten wird ungefähr drei Jahre bewirtschaftet. Wenn die Yanomami nicht mehr ganz Herr über das struppige Dorn- und Buschwerk werden, verlassen sie die alte Pflanzung jedoch nicht, sondern erweitern diese um einen neuen Abschnitt.

Mit der Rodung des ausgesuchten Stücks Land wird häufig schon in der Regenperiode begonnen. Die gefällten Bäume liegen dann zum Austrocknen aus. Die Yanomami fällen nicht alle Baumriesen auf einmal, sondern sind darauf bedacht, ihre Pflanzung nach und nach zu lichten, um über einen längeren Zeitraum über Heizmaterial zu verfügen.

Zu den wesentlichen Aufgaben einer Yanomamifrau gehört das Sammeln von Brennholz, das enorm wichtig ist für den Erhalt des Lebens, sei es nun für das Kochen oder für das Wärmen an den Feuerstellen.

Das Stück Feld der Maamapiitheri war auffällig großflächig mit Zuckerrohr, Bananen und Maniok bewachsen. Vereinzelte Bananenbäume trugen reife Stauden, die eifrig von den Jüngeren abgeschnitten und am Ende mit eine Liane verknotet wurden.

Die Kochbanane, die in unterschiedlichen Größen und Geschmacksrichtungen vorkommt, macht prozentual den höchsten Kalorienanteil in den Speisen der Yanomami aus. Wohlschmeckend sind zum Beispiel die Bananensuppen, die aus überreifen Früchten gekocht werden. Sind die Stauden noch zu grün, werden sie unter dem Dachspalier an einer Baumwollschnur zum Reifen aufgehängt. Unter den Ungeduldigen gibt es jedoch immer einige, die die zähen grünen Bananenstauden ohne Rücksicht auf Zahnverluste aufbeißen.

Heißbegehrt sind auch die sehr schmackhaften Früchte der Rashapalme. Die Yanomami scheuen keine Mühe und erklettern mit Hilfe einer Holzkonstruktion den dornenbesäten Weg bis in die manchmal zwanzig Meter hoch gelegene Baumkrone. Die Früchte reifen vor allem im März und geben dann ein öliges Fruchtfleisch frei.

Aus der Gartenarbeit gewinnen die Yanomami ausreichend abwechslungsreiche Nahrung. Die Palette ihres Speiseangebotes reicht von Hülsenfrüchten, Mais, Tabakpflanzen, Süßkartoffeln, Paranüssen, Mehlbananen bis hin zu Knollengewächsen.

Die bei allen Yanomamistämmen verwendete Maniokwurzel dient den Indianern als Grundnahrungsmittel, das in jedem Garten reichlich vorhanden sein sollte. Es existieren zwei Sorten von Maniok, die bittere und die süße Knolle, die sich nur durch ihre Giftkonzentration unterscheiden. Diese zyanhaltige Knollenfrucht, der in einer aufwendigen Prozedur das Gift durch Auswaschen entfernt wird, reiben geschickte Hände auf einer festen Unterlage zu einem zähflüssigen Brei, der später zu Fladen geformt und auf den Steinen gebacken wird. Maniokfladen sind häufig im Verpflegungsgepäck der Jäger, da sie sehr nahrhaft und leicht sind.

Neben den Nahrungspflanzen bauen die Amazonasindianer auch eine Reihe von Gewächsen an, die als Rohmaterial und Baustoff dienen. Für den unterschiedlichen Anspruch an Hölzer oder Blattfasern, der sich natürlich nach Art der Verwendung richtet, müssen die Pflanzer beim Planen des Gartens an eine ausgewogene und sortenreiche Vielfalt denken. Wie zum Beispiel an den Wawascostrauch, den ein jeder Jäger zur Gewinnung von Fischgift benötigt, oder an die Maximilianapalme, die sich hervorragend zur Pfeilherstellung eignet. Weiter werden Baumwollsträucher für die Hängemattenherstellung sowie Apozynazeengewächse, die kräftige Blattfasern liefern, und Sapucajapalmen, deren topfgroße Früchte als Küchengeschirr Verwendung finden, angebaut. Auch die Liste der Holzarten ist immens. Doch läßt sich nicht jeder Rohstoff auch verwenden. Die Yanomami verzichten auf solche, die Qualitätsmängel oder kurze Haltbarkeit zeigen. Schließlich können sie durch fehlerhaftes Material beim Jagen oder Baumklettern ihr Leben verlieren.

Die Yanomami schmücken ihre Körper mit einer fettigen Pflanzenfarbe, Urucu, die auch Schutz gegen Insekten bietet.

Kein Garten der Yanomami ist vollständig, wenn er nicht einige magische Pflanzen aufweist. Sie benutzen sie für heilende Besprechungen, Todesfeste und Geisterbeschwörungen. Ihre Körper schmücken die Yanomami mit Bemalung, für die sie die Samen der Gewächse verwenden, die farbstoffhaltige Früchte hervorbringen. Diese Pflanzen wachsen wild, kommen jedoch auch in den bewirtschafteten Feldern vor und werden von den Indianern als Rohstoff- und als Zauberpflanze genutzt. Die Bekanntesten unter ihnen sind Geniapoe und Urucu. Eine gesonderte Bedeutung ist dem Tabak einzuräumen. In der Sprache der Yanomami wird »hori«, was soviel bedeutet wie »ohne Tabak", gleichgesetzt mit dem Begriff »arm sein«. Das verdeutlicht den Stellenwert der Genuß-pflanze. Ich kann mich nicht an einen einzigen Tag erinnern, an dem die Yanomami nicht auf den dunkelgrünen Blätterfetzen herumkauten. Der Geruch und der beißende Geschmack der Rolle muß schon alle Bakterien im Mund abgetötet haben. Die Wirkung ist selbst bei einer geringen Dosis garantiert. Im Rauschzustand werden nicht nur die Arme und Beine schwer, auch der ganze Körper wird auf eine angenehme Art ruhig, und man verspürt nur noch den Wunsch, in der Hängematte die friedlichen hübschen Krabbeltiere zu beobachten. Die Herstellung ist langwierig, aber die Yanomami scheuen weder Zeit noch Mühe.

Xeyerim, der Anführer der Maamapiitheri, besaß die größte Tabakanpflanzung. Eifersüchtig beäugte die Nachbarsfamilie die zahlreichen reife Tabakblätter, die der Achtunddreißigjährige mit seiner Frau Yoyo abriß und zu bücherdicken Bündeln zusammenknotete. Im Shabono wurden diese über der eigenen Feuerstelle zum Trocknen aufgehängt. Nach ein paar Tagen wurden die Blätter zu Kugeln gerollt und in Hartlaubblättern bis zum Genuß konserviert. Die Aufbereitung des Tabaks verläuft weniger appetitlich. Der Benutzer befeuchtet mit Spucke die getrockneten Rauschkugel und verknetet sie mit der Asche seiner Feuerstelle. Freudig schiebt er die mehrlagig gedrehte Rolle in den Bereich zwischen Unterlippe und Zähne läßt sich in die Hängematte nieder. Ob Großvater oder Enkel, einfacher Jäger oder Stammesführer, ein jeder lutschte auf der harten Masse, die nach einer gewissen Zeit die Zähne schwarz verfärbte. » Hori, hori« neckten sie mich oft und bedauerten mich, weil ich so schrecklich arm war.

Mutter und Tochter bei ihrem ersten Besuch vor meiner Hütte. Das kleine Yanomami-Mädchen brachte immer ihren Spielgefährten, einen kleinen Hauspapagei, mit.

Links: Bei der Herstellung des Tabaks wird das Pflanzenblatt in der Asche der Feuerstelle hin und her gerollt und mit Spucke zu einer festen Masse verknetet.

Vorhergehende Doppelseite: Ein Yanomami-Stamm ist in unterschiedliche Gruppen und Familien unterteilt. Der Zusammenhalt wird von einem ernannten Anführer gewährleistet, der für die Dorfpolitik und die Bündnispolitik zu den Nachbarstämmen verantwortlich ist.

Besonders lästiges Krabbeltier belagert die Köpfe der Yanomami, die in ihrer Freizeit hintereinandergehockt den Schopf des Nachbarn untersuchen. Freudig knacken sie die Übeltäter und verspeisen diese dann genüßlich.

Maasikima ist stolze vierundfünfzig Jahre alt – ein Alter, das bei den Yanomami selten erreicht wird.

Neue Blattlagen zieren die Behelfshütten, die für eine Übergangszeit bis zur Fertigstellung des großen Shabonos genügen müssen. Besonders gut eignen sich die Palmenwedel der Canambopalme, die widerstandsfähig und wasserabweisend sind.

Nächste Doppelseite: Aarima, sechzehn Jahre alt.

Oben: Haimuta, die Zweitfrau des Anführers Puuxima, trägt hier bei der Arbeit hellbraune getrocknete Fasern als Ohrschmuck. Besonders dicke Halsketten und ein Oberarmring weisen auf ihr Alter und ihren Stand innerhalb der Sippe hin.

Rechts: Die Methode, mit einem Kreisel Baumwolle zu einem Faden zu drehen, ist auf den Kontakt der Macuxi-Indianer mit dem Eroberern im frühen sechzehnten Jahrhundert zurückzuführen. Da sich nützliche Dinge schnell verbreiten, kam diese Verarbeitung der Baumwolle bis in die entlegensten Gebiete.

Die Yanomamifrau hat in der Gesellschaft eine untergeordnete Rolle. An wichtigen politischen Sitzungen oder Entscheidungen darf sie nicht teilnehmen. Zwar werden Kriege und Kämpfe meist um Frauen ausgetragen, ihre Aufgaben beschränken sich jedoch auf den häuslichen oder familiären Bereich.

Oben: Wilde Maracujablüten verwenden die Yanomami als Ohrschmuck für Festlichkeiten. Ihre tennisballgroße Frucht ist sehr Vitamin-C-haltig und bereichert den Nahrungshaushalt.

Rechts: Die Frauen und Kinder der Arapariutheri und Maamapiitheri machen sich auf den Weg zum Fischplatz.

Die Fischtechnik der Yanomami ist ausgesprochen raffiniert. Neben dem Fischfang mit Pfeil und Bogen haben sie eine sehr bequeme Fangmethode entwickelt. Zu der ablaufenden Seite eines Flusses werden Dämme errichtet und die Tiere zu Schwärmen zusammengetrieben. Ein Giftpulver, gewonnen aus dem Wawascostrauch, wird in das Wasser gestreut. Die Fische ersticken beim Vertilgen des Gemisches und schwimmen dann tot auf der Wasseroberfläche. Die Frauen sammeln die Tiere mit Körben ein und beißen mit ihren Zähnen noch eventuell lebenden Tieren die Kiemen durch.

Die Yanomami sind keine begeisterten Schwimmer, baden jedoch gern in den kleinen Seen.

Eine gründliche Körperpflege ist durch den ständigen Kontakt mit Kleinstlebewesen und Insekten lebensnotwendig.

Oben: Die Tragegurte sind aus Baumrinde gefertigt, die mit einem Buschmesser von einen dünnen Stamm abgeschält, im Wasser gewaschen und an der Luft getrocknet wird. Die Rinde wird zum Schmuck mit roter Pflanzenfarbe bestrichen.

Links: Ein Ehepaar des Stammes der Arapariutheri geht mit sicheren Schritten über die »Brücke«, die zur Pflanzung führt. Die Pflanzungen liegen meist unweit der Dörfer und versorgen die Yanomami mit Baumaterial und Nahrungsmitteln.

Oben: In den Pflanzungen der Yanomami werden vor allem Maniok, Zuckerrohr und Bananen angebaut. Die Kochbananen sind unterschiedlich groß und variieren sehr stark im Geschmack. Für die Indianer sind sie wichtiger Bestandteil ihrer Ernährung.

Rechts: Zuckerrohr ist wegen seines süßen Saftes sehr beliebt. Jede Pflanzung enthält große Anbauflächen, die von jeder Familie separat angelegt werden. Shilas Mutter schält hier mit einem eingetauschten Messer die Zuckerrohrstangen für den Verzehr.

Oben: Der Amazonas ist ein vielfältiges Ökosystem. Tausende von Flüssen durchschneiden den Urwald und beherbergen eine unvorstellbare Vielfalt von Kleinstlebewesen.

Rechts: »Macacos« sind geschickte Kletterer und gelten in der brasilianischen Bevölkerung als »Frechdachse mit langen Fingern«.

Nächste Doppelseite: Die buntgeschmückte Gruppe der Maamapiitheri geht durch den Dschungel, um einen Nachbarstamm zu besuchen. Gewöhnlich werden Geschenke und einige Nahrungsmittel mitgebracht.

Ein Großteil der ursprünglich ansässigen Indianer des Rio Catrimani hatte, wie wir gesehen haben, wegen des Jaguars sein Dorf verlassen und war stromaufwärts gezogen.

Ich entschied mich, ihnen zu folgen, und erhielt über eine Kontaktperson die Erlaubnis des Anführers.

Mit Manuel, einem Nachfahren der Macuxi-Indianer, der den Fluß bestens kannte, belud ich ein schmales langes Motorboot mit Kochbananen, Konservenbüchsen, meinem Hängebett, dem Kamerakoffer und allem möglichen Kleinkram wie Taschenlampe, Seife, Machete, Klopapier und Küchenlöffel sowie einer Leuchtrakete für den Notfall.

Das Boot zerschnitt das seichte Wasser in der Mitte des Flusses und schuf neue Wellen, die langsam zu den grünbewachsenen Ufern glitten. Unruhige Strudel spülten das Naß zu den Füßen der Baumgiganten, die ihre stolze Länge in den Himmel reckten.

Unmengen von Farnen schwammen zu fruchtbaren Wiesen zusammen und bildeten mit den mehrzelligen Wasserpflanzen einen farbenprächtigen Teppich, in dem zahlreiche Amazilienvögel ihre Nahrung fanden.

Bis zu siebentausend kleinster Tierchen können sich auf einem Kubikmeter der schwimmenden Inseln tummeln, unter den Pflanzenwurzeln vermuten Meeresbiologen an die einhunderttausend Lebewesen zu finden. Fette Rankengewächse umschlangen oder kreuzten sich und versponnen mit ihren Wurzeln die Flora zu einem undurchdringbaren Netz. Lediglich das Hochwasser erreichte jede Ecke der Wildnis. Der Rio wand sich in Mäanderform durch den Tropenwald und bildete zu manchen Seiten kleine Tümpel und Seen. Begleitet war unsere Fahrt von den alles übertönenden Lauten der Brüllaffen, die aufgeregt in ihren Revieren umhersprangen und uns Eindringlingen ihre Kampfbereitschaft ankündigten.

Unser langes schmales Boot glich der Form eines Einbaumes. Es tuckerte über den braungelben Fluß und verscheuchte das ruhende Federvieh von den Baumkronen. Man schätzt allein an die fünfundzwanzig verschiedene Arten von Amazonaspapageien, die sich in den Tropenwäldern Mittel- und Südamerikas aufhalten. Für den Körperschmuck verwenden die Yanomami die Schwanzfedern der Blau- und Gelbstirnamazonen, die sich auffällig auf ihrer urucubeschmierten Haut abheben. Prachtvoll läßt sich auch das Gefieder der Ara Macao, einer hellroten Araart, verarbeiten.

Die Vögel sind die Haustiere der Indianer. Selbst schon in den Anfängen ihrer Siedlungen im Amazonasraum hielten sie sich halbzahme Vögel in ihren Hütten. Neben den Papageien gehören die Tukane, die der Gattung der Spechte zuzurechnen sind, zu den Bewohnern des Amazonasraumes. Sie ziehen mit ihrem gewaltigen

Schnabel und mit ihrer Gelbfiederung die Blicke auf sich. Als Bewohner der dichten Baumkronen sind die Großschnäbler mit ihren gedrungenen kleinen Flügeln für den Langstreckenflug nicht besonders gut ausgerüstet, jedoch können sie sich durch ihre stark ausgeprägten Beine geschickt im Geäst bewegen. Sein sonderbares Mundwerk dient dem Tukan einerseits als Erkennungssignal für Artgenossen und ist andererseits ein nützliches Werk-zeug für die Nahrungssuche. Der federleichte, zu einer Sichel ge-formte Schnabel kann bis zu einem halben Meter lang sein und wie eine Fruchtpresse benutzt werden. Tukane leben fast nur von Insekten, kleinen Wirbeltieren und einer Vielzahl von Früchten. Zeitweise machen sich auch die fliegenden Zweibeiner über wildwachsende Pfefferschoten her. Die Indianer gaben ihm den Namen »Toco« – »Pfefferfresser«. Die Yanomami jagen den beliebten Vogel nicht nur wegen seines schmackhaften Fleisches, sondern zieren mit dem schwarzgelbgefleckten Gefieder ihre Oberarme beim rituellen Totentanz.

Besonders eindrücklich erschließt sich bei einer ruhigen Fahrt mit einem Einbaumes die tropische Tierwelt. Es ist schwierig, in den bis zu drei Metern langen Holzbooten das Gleichgewicht zu halten. Die unterschiedlichen Paddelformen erzeugen beim Eintauchen in das Wasser ein ganz spezifisches Geräusch, aus dem die Indianer den jeweiligen Indianerstamm erkennen können.

Das längste Stück unserer Bootsfahrt hatten wir zurückgelegt. Manuel umsteuerte geschickt die reißenden Stromschnellen. Der Fahrtwind kühlte angenehm. Unsere Beine baumelten im gelben Lehmwasser, und die Augen hielten nach den ersten Indianern Ausschau. Als die Tierlaute immer seltener wurden, mußten wir unweit einer menschlichen Siedlung sein.

Mit einemmal öffnete sich der Wald am Ufer einer großen Biegung, und ich erblickte ein Feld von nahezu zwanzig Hektar, auf dem mehrere Behelfshütten und Shabonos standen. Das Ufer war steil und mit niederem Buschwerk bewachsen. Abgebrannte Bäume und Geäst lagen kreuz und quer, über die ganze Familien sprangen und die Erdhänge herunterrannten. Unter dem Gelächter der Kinder entstiegen wir dem Boot, und dann versammelte sich das gesamte Dorf im Shabono des Anführers Puuxima.

Sein sicheres Auftreten verriet, daß er sich seiner Führerposition im Dorf sicher war. Die Politik des Dorfes wird maßgeblich geprägt vom Charakter des Häuptlings. Manche sind gewalttätig, schroff und grob, andere diplomatisch, freundlich und offen. Puuxima gehörte eher zu der Sorte, die kämpferisch die Idealbilder durchsetzt, unkalkulierbar reagiert, aber als erstes immer den Erhalt und Schutz des Stammes im Auge hat.

Ich kann mich noch an die forschen Sätze Puuximas erinnern, die er lautstark und mit Erregung von sich gab, als es darum ging, den Bittstellern eines Nachbarstammes, die sich mit den Garimpeiros bei der Landvergabe arrangiert hatten, einen Teil der Kochbananen abzutreten. Die Nachbarn verzogen sich schnell, als die Diskussion heftiger wurde und ein paar Speere flogen. Besonders solche furchtlosen und männlichen Taten bestärken das Image eines Führers, der auch über politische Bündnisse, Kampfaktivitäten und über die Verwandtschaftsverhältnisse Bescheid wissen sollte. Darüber hinaus ist er auch befugt, Recht zu sprechen und Entscheidungen für das Dorf zu fällen, manchmal sogar, sich in Familienstreitigkeiten einzumischen.

Schon mit fünf Jahren beginnen die Yanomami, Rauschmittel zu nehmen.

Puuxima wies mir den Gastplatz im Shabono zu, der dem seinen gegenüber lag, eine Art offenes Wohnzimmer, in der meine Kochstelle schon mit einem Bündel Reisig ausgestattet war. Die aufgezogene Baumwollschnur am Dachgiebel behängte ich mit den mitgebrachten Kochbananen.

Ich war erleichtert über Manuels Entscheidung, die Gastgeschenke in der Mission zu lassen und bei meiner Abholung als Tausch zu verteilen. Das gab mir eine gewisse Sicherheit.

Es war schwierig, in meiner neuen Behausung irgend etwas zu tun, ohne die Aufmerksamkeit des ganzen Shabonos auf sich zu lenken. Meine geöffneten Konservendosen verursachten sogar einen regelrechten Menschenauflauf. Manchmal hatten mich die Yanomami mit ihrer penetranten Art zu betteln in ein Machtspiel des Nachgebens gezwungen, auf das ich mich hier von vornherein auf keinen Fall einlassen wollte.

Als Manuel am nächsten Tag wieder abfuhr, blieb ich mit gemischten Gefühlen zurück.

Die erste Nacht war unangenehm. Während ich in der Hängematte nach einer geeigneten Schlafposition suchte und sie endlich gefunden hatte, erlosch das Feuer unter mir, und die abendliche Tropenkälte ließ mich kein Auge schließen. Als ich endlich eingenickt war, fielen daumendicke Grillen vom Blätterdach und suchten meinen Körper nach

Eßbarem ab. Dazu kam noch die ungewohnte Haltung beim Schlafen. Wer wochenlang in einer Hängematte wie ein Ei zusammengerollt ausharren muß, weiß, wovon ich rede. Mir war es ein Rätsel, wie die Yanomami nach den Übernachtungen in einem aufgehängten Bett, das bei ihnen zum Teil nur von einem einzigen Palmenblatt zusammengeknotet war, am anderen Tag noch aufrecht herumlaufen konnten.

Im Dorf war es während der Dunkelheit relativ ruhig. Nur ab und zu störten Hundegebell oder umherschleichende Tiere die nächtliche Ruhe.

Die Yanomami führen selten lange Gespräche und berichten wenig über die Erlebnisse des Tages, was sicherlich auf ihren ständigen Kontakt untereinander zurückzuführen ist.

Sexuelle Aktivitäten finden selten in den Shabonos statt, kommen aber gelegentlich vor. Meine direkten Nachbarn, ein junges Ehepaar, erfanden eine wirksame Methode, ihre Zärtlichkeiten auszutauschen, indem sie sich in ihrer Hängematte zu einem dicken Knäuel verwickelten, um den Beobachtungen durch den Ausschluß der Öffentlichkeit zu entfliehen. Meistens treffen sich die Pärchen in den Pflanzungen oder verabreden sich im Wald unter dem Vorwand, die Notdurft zu verrichten oder auf die Jagd zu gehen.

Gefahr laufen vor allem junge Frauen, die mit Prügel und nicht selten auch mit Tötung rechnen müssen, wenn sie ihren Ehemann oder zugesprochenen Partner betrügen. Fremdgehen ist bei den Yanomami keine Seltenheit. Und nicht zu Unrecht bewachen die Ehemänner ihre Frauen mit Penetranz und begleiten sie unter Aufsicht zu den Wasserstellen und Pflanzungen. Denn vielfach sind die Männer eine oder zwei Genera-tionen älter und sorgen sich nicht liebevoll um ihre Partnerinnen, da sie ja auch oft mehrere Frauen besitzen.

Eifersüchteleien sind deshalb häufig Ursache für Entführungen und ernsthafte Streitereien. Ich sah einmal, wie eine junge Frau mit zwei Männern stritt und versuchte, ihren Ehemann zu besänftigen, der sie an den Haaren zog und mit glühenden Hölzern Löcher in ihren Arm brannte.

Opfer von Gewalttätigkeiten sind sehr oft Frauen, die wegen ihrer körperlichen Beschaffenheit den Männern unterlegen sind.

Der Kontakt zu den Yanomamifrauen fiel mir leichter, und auch sie vertrauten einem Fremdling des eigenen Geschlechts sicherlich mehr als einem Mann, der bedrohlich oder zumindest unkalkulierbar sein konnte.

Mehrere Generationen wohnen in jedem Shabono zusammen, wie hier die Großmutter mit ihrem Enkel, die den Kleinen mit roter Urucufarbe bemalt.

Diese junge Mutter ist mit ihrer zweiten Tochter auf dem Weg in die Pflanzungen.

Eines Morgens war mir aufgefallen, daß die fünfzehnjährige Sikima fehlte. Als ich versuchte, Erkundungen über ihrem Verbleib einzuziehen, führte mich ihre Schwester zu einer flachen unscheinbaren Hütte, die am Ende des Dorfes lag. In einem Raum erkannte ich zwei Frauen, die auf dem Erdboden hockten. Es war offensichtlich, daß sie ihre Menstruation hatten. Die Yanomami kennen keine Tampons und verwenden auch keine Baumwolleinlagen. Sie lassen das Blut an den Beinen herunterrinnen und waschen es wegen des schnellen Insektenbefalls mit Wasser ab.

Die abgelegenen Blätterhütten sind wenig frequentiert, da die Frauen selten bluten, was auf die lange Stillzeit und auf ihre häufigen Schwangerschaften zurückzuführen ist. Bei der Geburt eines Kindes folgen die weiblichen Verwandten der werdenden Mutter und leisten ihr Hilfe. Im Wald werden in Hockstellung die Kinder zur Welt gebracht und die Nabelschnur mit scharfen Gräsern durchtrennt.

Wird alsdann die Gesundheit des Kindes für gut befunden, wäscht die Mutter das Neugeborene und geht ihrer alltäglichen Arbeit nach.

Ein nur schwer lösbares Problem, mit dem ich immer wieder konfrontiert wurde, waren die Namen der Yanomami, deren Erwähnung mit einem Tabu behaftet ist. Falls mir doch ein Name über die Lippen kam, wurden sie aggressiv oder weinten nach einem entsetzten Aufschrei. Es ist bis heute noch nicht hundertprozentig zu klären, woher diese Eigenart stammt. Vermutet wird jedoch, daß es mit der Mythologie in engem Zusammenhang steht.

Die Namen eines jeden Yanomami werden in erster Linie danach ausgewählt, ob sie ausgefallen sind. Da nach dem Tod einer Person der Name nicht mehr erwähnt werden darf, bedeutete dies sonst eine Verringerung des Wortschatzes. Namen wie »Brustfeder des Tukan« oder »Neffe des Gürteltiers« waren deshalb keine Seltenheit.

Es ist sinnvoll, bei der Erfragung der Namen nicht verwandte Familien zu befragen. Damit das Verbot der lauten Wiedergabe nicht übertreten wird, flüsterten bereitwillige Yanomami mir die Namen ihrer Nachbarn ins Ohr.

Anfangs erschien mir das sehr chaotisch, bis ich allmählich erkannte, daß für die Yanomami eine exakte Auflistung und Benennung von Dingen nicht von Bedeutung ist. Zum Beispiel änderten sie ständig die Namen ihrer Dörfer, inklusive der sie umgebenden Landschaften, Flüsse, Seen und Berge je nach Laune.

Durch das Leben im Shabono war ich unter permanenter Beobachtung und so mancher Neckerei ausgesetzt. Die Yanomami, und vor allem die jüngeren Männer, loteten mit Bosheiten und geschicktem Verhalten meine Grenzen aus, nach und nach baute sich auch ihre Hemmschwelle mir gegenüber ab und sie bedrängten mich auf unangenehme Art und Weise. Ich lernte schnell, ihr rüpelhaftes Benehmen zu übernehmen und das Spiel mit ihnen mitzuspielen. Als eines Morgens ein junger Krieger an meiner Wäsche zog und unter lautem Gelächter seiner Kameraden forderte: »Haben will«, war er erschrocken, als ich mich kerzengerade vor ihn stellte, an seiner Baumwollschnur zog und mit einer Grimmigkeit entgegnete: »Auch haben will, dann tausche.« Von diesem Tag ab mied er mich. Die körperlichen Annäherungsversuche nahmen jedoch bis zu meiner Abreise kein Ende. Ein jeder versuchte, meine Gunst zu erlangen, und prahlte damit, mich heute für einen Jagdausflug oder für eine Bootstour gewonnen zu haben. In ihren Augen war ich eine »frare«, eine »reife Banane«, die zumindest Erst- oder Zweitfrau sein sollte.

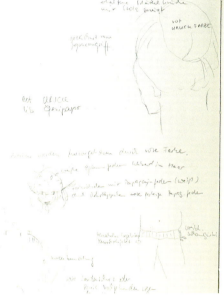 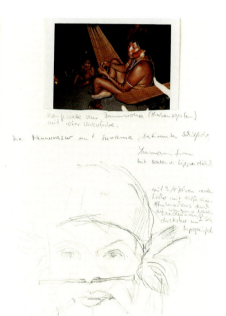

Auf Dauer fiel mir mein Anderssein schwer, fehlte mir das Teilen von Erlebnissen und das Verständnis eines Menschen meines Kulturkreises. Doch lernte ich nicht nur viel über die Yanomami, sondern begann auch, mein eigenes Verhalten in Frage zu stellen. Als erstes reduzierte ich meine hygienischen Ansprüche. Das Rubbeln an Flecken und Dreckpartien an meiner Kleidung gewöhnte ich mir ab, ebenso das Kochen aufwendiger Gerichte oder das Kleingeziefer von meinen Kartons zu vertreiben. Man konnte sich den ganzen Tag mit der Reinigung und dem Saubermachen beschäftigen und Stunden später wieder von vorn beginnen. Die Yanomami wuschen sich am Fluß oder gingen zum Baden in kleine Tümpel und verbanden den Ausflug mit der Besichtigung ihrer Pflanzungen.

Beim Laufen durch den Dschungel bogen die Yanomami auffällig ihre

Füße nach innen, was mich anfangs verwunderte. Es war ein Schutz für die Zehen. Besonders heimtückische, winzige Insekten schlüpfen unter die Fußnägel und vermehren sich in rasendem Tempo nach der Ablagerung ihrer Eier, was ich leider erst bemerkte, als es schon zu spät war. Jeden Abend vollführte ich die gleiche Prozedur mit Taschenlampe und Skalpell. Am anderen Tag war der Schmerz beim Gehen durch die Schnittwunden meist genauso groß wie der durch die Stiche selbst.

Die Yanomami hatten zumindest Freude daran, wenn ich fluchend um mich schlug und verzweifelt Versuche startete, wandernde Ameisenstraßen von mir zu schlagen oder meine laienhaften operativen Eingriffe am Körper vornahm. Sie feixten und alberten, wenn ich meinen Körper nach Stichen absuchte. Ihrem Sinn für Humor konnte ich in einem solchen Moment wenig abgewinnen.

Bei näherer Betrachtung ihrer Haut sah ich ebenso viele Einstiche und Kratzer wie bei mir, und sicherlich hatten die Yanomami schon eine gewisse Lässigkeit gegenüber den Insekten entwickelt, doch jucken mußte es sie genauso. Ich konnte bei Zusammenkünften oder Sitzungen oft miterleben, wie entzückt auf die Körper der Nachbarn gehauen wurde, um die dort entdeckten Schädlinge platt zu drücken.

Ihre Kleidung bestand aus einer Baumwollschnur und bot ihnen keinerlei Schutz vor Verletzungen. Die Yanomami laufen grundsätzlich nackt.

Die Frauen sind mit einem Schamgürtel, den Pesimaki, und die Männer mit einem Penishalter ausgerüstet. In jungen Jahren erhalten die Mädchen aus gedrehten rotgefärbten Baumwollfäden, die im Frontbereich zu zehn bis zwanzig Zentimeter langen Fransen ge-schnitten sind, ihr erstes Hüftband. Die Enden werden reich mit Siti Pasiki, den Flußmuscheln, ge-schmückt. Flußmuscheln sind die Geldstücke bei den Amazonas-stämmen, deren Wert sich nach Qualität und Schliff erhöht.

Ihre Handgelenke und Oberarme schmücken die Yanomami auch im Alltag mit urucugefärbten Bändern. Die über die Brust im Kreuz gewundenen Glasperlenketten zeigt der stolze Besitzer jedoch nur nach getaner Arbeit in der Annahme, auf diese Weise der Gefahr des Zerplatzens zu entgehen.

Junge Männer beginnen in der Pubertät, ihre Penisvorhaut an einer Hüftschnur festzubinden, und schämen sich gewaltig, wenn sie es am Anfang vergessen und erinnert werden, nicht nackt herumzulaufen. Der Tagesablauf der Yanomami war vor allem bestimmt durch das Sammeln von Nahrung, das Instandhalten der Gärten, dem Zubereiten der erjagten Beute und der Pflege ihres Körpers. Da ein jeder in der Gesellschaft seine Aufgaben erfüllte, blieb dem einzelnen genügend Zeit, sich mit anderweitigen Dingen zu befassen.

Die Lieblingsbeschäftigung der Yanomami war zweifelsohne, sich genüßlich in der Hängematte zu wiegen und Tabak zu kauen. Währenddessen starteten die kleinen Yanomamijungen draußen im Spiel die ersten Jagdversuche und schossen auf angebundene Eidechsen, die aufgeregt, dem Tode nahe, ihre Spuren im Sand ließen. Junge Vögel, die aus einer schwachen Curaredosis aufgewacht waren, dienten als Zielscheibe beim Steinwerfen. Schon im frühen Alter beginnen die Kinder, ihre Umgebung gründlich zu erforschen, nehmen akribisch Pflanzen auseinander oder zerpflücken die Innereien der ausgeweideten Beutestücke des Vaters.

Hat ein junger Kerl das Mannesalter erreicht, darf er sich der Gruppe der reifen Männer anschließen und sie auf ihren Jagdausflügen durch den Dschungel begleiten, die auch mehrere Tage andauern können. Um an schmackhaftes Fleisch zu gelangen, entwickeln die Yanomami unglaublich raffinierte Jagd-, Sammel- und Fischtechniken. Die Männer sind gewöhnlich mit einem zwei bis drei Meter langen Blasrohr oder mit Pfeil und Bogen und Speer ausgerüstet. Auf ihren Schultern tragen sie den Wana, den Köcher, und die Verpflegung aus Maniokfladen. Ein Wana hält ca. ein Dutzend von Curare getränkten Pfeilspitzen in einem Bambusrohr geschützt, dessen oberes Ende mit einem aus Affenhaut bezogenen Deckel abgedichtet wird und mit Thome Nakö, zwei Nagetierzähnen, die für anfallende Schleifarbeiten Verwendung finden, das Werkzeug komplett machen.

Die Pfeile haben eine Länge von zwei Metern und bestehen aus angebautem Dickschilf. Schmale junge Stengel eignen sich besonders gut und werden nach der Prüfung ihrer Wachstumslänge und Stabilität über der Feuerstelle in die geradlinige Form gebracht. Um die Befiederung, die zur Rotation dient, gleichmäßig zu gestalten, werden die Federn in zwei Segmente halbiert und am Ende des Schaftes mit gedrehten Lianenfasern umwunden. Puuxima nutzte die schwarzen Federn eines Maraxime-Vogels und die dunkelbraunen eines

Der Köcher, der ein Dutzend mit Curaregift getränkte Pfeilspitzen enthält, heißt bei den Yanomami Wana.

Die aus Dickschilf hergestellten Pfeile werden am unteren Ende mit einer Feder versehen und an der Spitze mit einem Aufsatz. Hier die vier verschiedenen Pfeiltypen der Yanomami.

Xaxaenahe. Pech und Baumharze verkleben und geben zusätzlichen Halt für die umwickelten Jagdspitzen. Für den Einsatz in die Bogensehne ritzen sie mit den Nagetierzähnen, Argut, eine tiefe Nut in das leichte Schilfrohr.

Mit der Nachahmung von Lauten überlisten sie die Tiere und entscheiden sich dann für die Art der Waffe und ob sie alleine oder zu mehreren jagen.

Auf meinen Jagdausflügen mit den Stamm der Mauxiiutheri konnte ich vier Typen von Pfeilaufsätzen ausmachen. Die wirksamste Methode, um Säugetiere wie Wollaffen, Tapiere oder Faultiere zu erlegen, garantiert die Verwendung einer lanzenförmigen Spitze, auf die der Jäger mit den Händen eine leuchtrote, klebrige Masse streicht. Der zweite Typus bestand aus einer eigenartigen hölzernen Vergabelung, deren fehlende Spitze die Wirkung einer Betäubung ersetzte, die durch den Aufprall der Dornen entstand. Der sogenannte Imakakö ist den Indianern für das Erlegen von Vögeln unerläßlich, da durch den Druck der Holzverästelung das Federvieh nur betäubt und nicht verwundet wird, was für die Wiederverwendung der Federn wichtig ist.

Als nächstes wäre da der Pako Onomo zu nennen, der aus einem Schienbeinknochen einer Affenart zu einer extrem scharfen Pfeilspitze gefertigt wird. Benutzt der Jäger einen solchen Aufsatz beim Schießen, durchbohrt der Pfeil sein Opfer ganz. Auch zum Fischen benutzte Puuxima diesen Pfeil mit dem Bogen Rahashihi aus Hartholz und dessen schwach gespanntem Baumwollfaden.

Der vierte und wohl auch gefährlichste Pfeil ist der mit Curare bestrichene, der für die Erlegung von Großwild und Affen stattlicher Natur verwendet wird. Yakoa Onamo bedeutet soviel wie Giftspitze. Der Name wird von der Pflanze Yakoana abgeleitet. Ein besonders besorgter Yanomami deutete einmal mit seinem Finger auf die pechschwarze Paste, schrie »Whaaa« und legte sich mit seinen Kameraden auf den Boden. Die Wirkung war klar!

Mit dem Gift sollte man wirklich behutsam umgehen. Schon kleine Konzentrationen verursachen periphere Muskellähmungen durch Blockierung der Nerven. Tritt das Curaregift in die Blutbahn, stirbt das Tier in wenigen Minuten am Erstickungstod. Das Fleisch bleibt genießbar, da das Gift nur beim Eintritt in das Blutsystem atemlähmend wirkt. Jedoch müssen die Krieger beim Bestreichen der Pfeile und bei der Giftherstellung auf kleine Wunden achten, da der Blutkontakt den sicheren Tod für sie bedeuten würde.

Curaregifte werden aus regional unterschiedlichen curarinhaltigen Lianenarten gewonnen, die unter Beimischung von Zusatzstoffen haltbar gemacht werden und die toxische Wirkung verstärken sollen. Von den zerhackten Lianen hobelt der Krieger grobe Späne und verrührt unter der Beigabe von Wasser die Menge zu einem Sud. Über der Kochstelle läßt er möglichst viel Wasser entweichen und bestreicht die dreißig Zentimeter langen Holzstifte mit der klebrigen Schicht. Die Schäfte versehen die Yanomami mit Einkerbungen, die etwa fünf Zentimeter auseinander liegen. Dringt durch Beschuß eine curaregetränkte Spitze in die Beute ein, so bricht sie ab und kann nicht mehr herausgezogen werden.

Andere Giftarten werden von den Yanomami geschickt zum Fischfang genutzt. Neben der einfachen Methode des Schießens mit Pfeilen entwickelten sie eine neue Methode, die bequem und mühelos zu handhaben ist. Die Mauxiitheri bauen in ihren Gärten den Wawascostrauch an, dessen Blattwerk sie zu einem grünen Pürree zerstampfen und in die Bäche und abgelegenen Tümpel geben.

Ich begleitete die jungen Frauen, die nach der Beigabe des Giftes ins Wasser die Fische von der Was-seroberfläche einsammeln wollten, zu den Gewässern. Da der Saft des Wawascostrauches dem Wasser den Sauerstoff entzieht, ersticken die Schuppentiere, und es erübrigt sich das mühsame Angeln.

Beste Zeit zum Fischfang ist die Trockenzeit. Die Flüsse schwellen ab, und überschaubare Tümpel und Seen bleiben zurück.

Die Yanomami sind keine leidenschaftlichen Fischer. Nur sehr selten gehen sie auf Wels- oder Seeschlangenjagd, obwohl die Gewässer eine große Artenvielfalt bieten.

Zum Transport der eingefangenen Fische benutzen sie grobgeflochtene Behälter, eine Art tragbares Sieb, aus dem das angesammelte Wasser herausrinnen kann. Haimuta, Puuximas Zweitfrau, biß die Fischkiemen mit dem Mund durch, um sicher zu sein, daß die Tiere nicht mehr lebten.

Flechtarbeiten verrichten zum größten Teil die Frauen. Aus den Fasern der angebauten Bromelien lassen sich stabile Lastenkörbe zu einer mittleren Größe weben, mit leichten Lianen dagegen grobmaschige Tragebehälter. Die Webtechnik ist regional verschieden und von den zur Verfügung stehenden wildwachsenden oder angebauten Pflanzen

Grobgeflochtene Schalen, die hintere ist mit Urucu verziert. Aus den Fasern der Bromelien flechten meist die Frauen Tragekörbe, Schalen und andere Behältnisse für den alltäglichen Gebrauch.

abhängig. Die Tragegurte der Frauen, in denen sie ihre Kinder transportieren, stammen von der Rinde eines Baumes, der als Hainathe bezeichnet wird. Mit einem Buschmesser oder scharfen Piranhazähnen schaben sie den Rindenschlauch ab, waschen, trocknen und bleichen diesen in der Sonne, bis er elastisch genug ist, um an den beiden Enden zu einem Schulterriemen vernäht zu werden. Die einfachen Kämme fertigen die Yanomami aus eng nebeneinander gereihten Palmrippen-Stäbchen, die mit mehreren Querverbindungen aus Baumwolle zusammengehalten werden. Die exakt geschnittenen Haarschöpfe der Yanomamimänner gleichen einer Mönchsfrisur, bei der sie mit sichtlichem Stolz ihre Narben vom Keulenkampf zur Schau stellen. Häufig unterstreicht Urucubemalung die Einschläge des Hinterkopfes. Mit Hilfe der Blätter eines Schilfrohres, sunama, rassieren sie sich die Stelle kahl und bringen ihren Haarschnitt in die richtige Form. Frauen tragen dieselbe

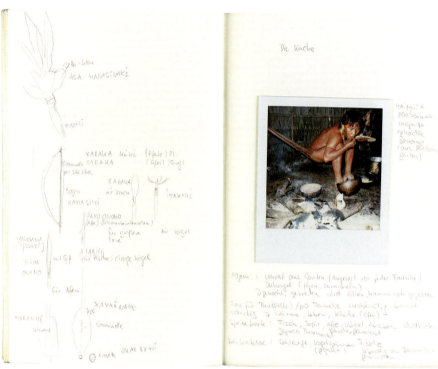

Frisur, nur ohne den kreisrunden Ausschnitt.

Kochen ist Aufgabe der Frauen. Die erjagten Fleischrationen werden über den Feuerstellen gründlich gar gekocht. Die Yanomami lassen das Fell am Tier, ebenso bleiben die Tatzen und Krallen erhalten. Alles zusammen legen sie auf die Kochstelle. Das Fleisch wird ungewürzt gegessen, denn die Yanomami kennen kein Salz oder andere Aromastoffe.

Larven und Maden gelten als besondere Delikatesse und werden mit Vorliebe roh verspeist. Sie sind fett- und eiweißhaltig und bereichern den Nahrungshaushalt der Amazonasindianer. Die Sammeltechnik erfordert ein wenig Geschick. Das gilt auch für eine bestimmte Art von Ameisen. Einmal beobachtete ich die Kinder Haimutas, die Dutzende von Krabbeltierchen in eine zusammengerollte Bananenblättertüte fallen ließen. Den vom Naschen übriggebliebenen Tierchen wurden zu Hause die Köpfe abgerissen und die zappelnden Hinterteile genüßlich verspeist.

Fischarten wie der Wels, Rochen oder die im Süßwasser auftretenden Piranhas, die von den Indianern treffend »Zahnfisch« genannt werden, grillen die Frauen nach dem Ausnehmen der Innereien auf glühenden Kohlen. Die unappetitlichen Reste warfen sie Theo zu, dessen wahren Namen ich nie erfuhr. Er war eine Art Ausgesetzter, der von den Abfällen seiner Sippe leben mußte. Er muß um die vierzig Jahre alt gewesen sein und war durch seine geistige Behinderung der Willkür und den Launen der anderen ausgesetzt. Der Anblick schmerzte mich, obwohl ich rein rational natürlich eine Erklärung parat hatte. Das harte Leben im Dschungel läßt nur den Stärkeren überleben.

Nächste Doppelseite: Schamanen erlangen hohes Ansehen, wenn sie bei Heilungen und Weissagungen besonders erfolgreich sind. Ihre Grimmigkeit unterstreichen sie durch die farbige Gesichtsbemalung.

Mythen

Die Tage vergingen ohne besondere Vorkommnisse, bis irgendwann ein Krieger des Stammes der Mauxiitheri aufgeregt durch das Dorf lief und ganz offensichtlich nach jemandem suchte. Der Ankömmling betrat den hinteren Teil eines Hauses und fand seinen Widersacher, den er des Beischlafs mit seiner Ehefrau bezichtigte. Das erhitzte Gemüt des Herausforderers konnte nicht durch den Zuspruch Puuximas besänftigt werden, und so blieb als einziger Ausweg nur der Keulenkampf, der den Konflikt beseitigen konnte.

Die Regeln des Zweikampfes bestehen darin, den Gegner bis zu seinem Zusammenbruch mit einem zwei Meter langen Holzstock niederzuschlagen, ohne ihn jedoch zu töten oder ihm folgenschwere Verletzungen zuzufügen.

Der Beschuldigte schlug mit einem kräftigen Hieb auf das Haupt des jungen Yanomami, der zu taumeln anfing. Sogleich holte dieser zum Gegenschlag aus und verletzte seinen Kampfpartner. Eskaliert ein solcher Stockkampf, greifen die Angehörigen beider Parteien zu den Waffen, und ein entsetzlicher Dorfkampf beginnt. Das Ergebnis des Streites zwischen den beiden waren Blutergüsse und Verletzungen am Kopf. Der betrogene Ehemann zog erleichtert weiter, und sein Kontrahent wurde argwöhnisch von seiner Frau betrachtet.

Manche Krieger der Yanomami nennen sich Waika, Töter. Über den Ausgang des Kampfes kann sich der Herausgeforderte sicher sein. Es wird mit Sicherheit nicht mit einem der rituellen Zweikämpfe wie dem Brust-, Seiten- oder Stockschlagen getan sein.

Kriegerische, also gewaltsame Auseinandersetzungen zwischen den Yanomamidörfern werden meist durch Entführungen von Frauen ausgelöst, da diese Mangelware sind in einem Verband, in dem die Männer mehrere Frauen haben können und nur die Frauen den Fortbestand einer Sippe gewährleisten können.

Hinzu kommen aber auch Betrug, Diebstahl, Mord oder auch religiöse Meinungsverschiedenheiten.

Der Krieg wird selten im offenem Kampf ausgetragen. Überraschende Überfälle werden immer wieder mit hinterhältigen Tricks geplant. Als zum Beispiel die Gastgeber während einer Feier über ihre Gäste herfielen, wurden die Opfer so überwältigt, daß von einem Massaker gesprochen werden konnte.

Kommt es nach längeren Verhandlungen zu einem Friedensschluß, sind trotzdem weitere Rachefeldzüge möglich, da es durch die verwandtschaftlichen Beziehungen der Dörfer untereinander zu wiederholten Blutracheakten kommen kann.

Bei einem Friedensabschluß, bei Heirat, Tauschhandel oder bei Treffen verbündeter Dorfparteien findet mehrmals jährlich das Reahofest statt. Mit prächtigen Körperbemalungen, Pfeilen und Speeren kommen die Gäste angereist, wenn sie der Vorbote des Gastgebers offiziell willkommen geheißen hat. In Spielen und Riten werden Kräfte gemessen und Aggressionen abgebaut. Am Ende der Feier, die auch tagelang dauern kann, werden Waren getauscht oder Frauen zur Heirat versprochen. Nach ausschweifenden Saufgelagen ziehen die Gäste mit ihrer Handelsware und der Wegzehrung wieder ab.

Der Ablauf ist durch einem bestimmten Kodex vorgeschrieben. Als erstes müssen die Gastgeber für ausreichendes Essen sorgen, das sie aus ihren Pflanzungen und durch heniyomo, einem rituellen Jagdgang, erworben haben. Unmengen von Kalebassen werden dann von den Frauen mit dem zubereiteten Bananenbrei aufgefüllt und ihre gebackenen Maniokfladen liegen auf Palmenblättern zum Verzehr bereit.

Ein Abgesandter kündigt mit Gesängen die Gäste an, die jetzt ihre provisorischen Hütten außerhalb der Dorfanlage verlassen haben und buntgeschmückt im Tanz den Innenhof des Shabonos betreten.

Für Feste oder andere Zeremonien binden sich verheiratete Yanomami-Männer prachtvollen Federschmuck um die Oberarme, hier die roten Federn der Aras.

Voran schwerbewaffnete Männer mit schwingenden Speeren und Pfeilen, die den rhythmischen Gesängen der Frauen und Kinder folgen. Beim Stampfen auf die Erde stoßen sie Laute aus und beginnen dann mit teshimou, einem mythischen Sprechgesang. Rote und schwarze Zeichen zieren die männlichen Körper, die mit Symbolen, wie Jaguar oder Anaconda, in üppigen Formen liebevoll aufgemalt werden. Mit wasservermengter Asche stellen sie ein schwarzes Pigment her, das in seiner alleinigen Verwendung den Krieg und damit den Tod versinnbildlicht. Rot, gewonnen aus Urucu, dürfen beide Geschlechter benutzen. Die schwarze Farbe des Krieges ist jedoch dem Mann vorbehalten.

An die Oberarme binden sich die verheirateten Männer Ara Xinakö, das sind rote oder blaue Arafedern, die bis zu einem halben Meter lang werden können. Zerrissene Federn zieren die Tonfrisur der Yanomami, die mit Baumharzen befestigt werden. Es kommt zum Teil vor, daß auch lebende Kleintiere oder Affenfelle als Armbänder Verwendung finden. Die Pracht des Federschmuckes während eines solchen Festes ist außergewöhnlich. Man trägt auch Ohrstecker aus dem Piri Wahigras, das als Halterung für die farbenfreudigen Vogelfedern der Papageien oder Tukane dient.

Während der Bewirtung der Gäste finden sich die beiden Häuptlinge der Dörfer zu einer Sitzung zusammen, umarmen sich und flüstern sich gegenseitig Neuigkeiten und Freundschaftsbekundungen in Form von Gesängen ins Ohr. Diese Art des Dialoges wird als wayamou bezeichnet und beginnt mit dem offiziellen Tauschhandel. Gestaltet dieser sich als schwierig, kann sich der Marathongesang bis zum Morgen hinziehen.

Heiterkeit und eine aufgelockerte Stimmung entwickelt sich, wenn die Gäste stundenlang vom Bananenbrei getrunken haben und sich ausgelassen an dem traditionellen Tauziehen oder Wettschießen beteiligen. Geschossen wird beim Reahofest mit stumpfen Pfeilen, damit kein Krieger getötet wird. Beim Tauziehen zerren zwei verschiedene Parteien unter den Zurufen der Verwandten an einer reißfesten Liane. Wer gewinnt, erhält ehrvolle Namen.

Oberarmschmuck aus den Federn des Tukan, den die Indianer »Toco«, »Pfefferfresser« nennen.

Den hinteren Dorfabschnitt hatte ich nie betreten. Mir war nur aufgefallen, daß viele den Platz mieden und ungern darüber sprachen, in welchem Zusammenhang das Haus dort mit der Dorfgemeinschaft stand. Es war also naheliegend, daß hier unlängst ein Totenfest stattgefunden haben mußte. Ich hielt es für ratsam, allein als naba, das heißt »Nichtyanomami«, die Stelle aufzusuchen, um keinen Yanomami in Verlegenheit zu bringen.

Der Boden des Shabono war mit Ascheresten, Fetzen von Schmuckelementen und Körben bestreut. In der Mitte stand ein leerer Trog, in dem wohl der rituelle Bananenbrei mit der Asche des Toten verrührt worden war. Wie ich später erfuhr, war der Verstorbene Haimutas Ehemann. Sie war daraufhin mit ihren vierundvierzig Jahren, neben Axaanarima, zweite Ehefrau des Anführers Puuxima geworden.

Um den komplizierten Totenkult der Yanomami zu verstehen, muß man ihre Welt, ihren Kosmos verstehen.

Wer ihr Volk geschaffen hat und wie das geschah, erzählt ihre Legende von Perimbo, dem Gott der Götter.

Vor allzulanger Zeit, als die Erde von urwüchsigen Pflanzen bewachsen war und wilde Tiere auf ihr lebten, existierten in der Himmelsschicht schon Menschen, geführt von Perimbo. Diese baten immer wieder ihren Herrscher, ihnen doch die Erde zu zeigen. Der lehnte jedoch zunächst ab und erklärte, daß diese Welt unter ihnen zu hart zum Leben sei und die Existenz voller Entbehrungen. Aber am Ende gab die Mondgottheit nach und wählte vier Männer und eine Frau aus, um zu sehen, ob die Menschen dort glücklich sein könnten. Versteckt in dem Bein eines kleinen Vogel namens Xiapò wurden Horonami, Uruhi, Totori, Horema und Peta als einzige Frau auf die Erde getragen. Bei ihrer Ankunft schlüpften alle heraus und lebten glücklich verheiratet miteinander zusammen. Peta gebar nach einiger Zeit einen Jungen und nannte ihn Suhilina. Mit Vorliebe spielte der Kleine mit seinem Pfeil und Bogen, bis er einmal bei Nacht den Mond mit seinem Pfeil anschoß und eine völlige Finsternis hereinbrach. Blut tropfte aus dem Mond, und eine Flutwelle schwappte über die Erde. Perimbo war außer sich und wollte die ganze Welt zerstören. Doch das Bitten von Peta um Nachsicht stimmte ihn gnädig, und er entschloß sich, die Yanomami aus diesem Blut zu schaffen. So wurden über die ganze Erde Yanomami verstreut.

Das Weltbild der Yanomami besteht aus vier unterschiedlichen Schichten, von der jede eine eigene Stufe im Kosmos darstellt.

Die oberste Ebene, Dukuka misi, könnte man mit runzlig übersetzen und hat für die Yanomami durch ihren Wüstencharakter kein großes Gewicht. Darunter folgt die Himmelsfläche Heduka misi, die das Leben auf der Erde mit all seinen Organismen widerspiegelt und deshalb im Glauben der Yanomami große Bedeutung hat. Wenn die Yanomami in den nächtlichen Sternenhimmel blicken, deuten sie die flimmernden Himmelskörper als Fische, die sich unterhalb der Heduka-misi-Seite von Ost nach West bewegen. Auf der vorletzten kosmischen Basis, der Hei ka misi, finden nun die Yanomami ihren Platz. Ihr Territorium verdanken sie einem glücklichen Zufall, da ein Teil der oberen Himmelsschicht abbrach und auf ihren Boden fiel.

Das Weltbild der Yanomami von oben nach unten: Dukuka misi – Heduka misi – Hei ka misi – Hei ta bebi

Für die Yanomami leben nur Yanomami auf der Erde. Eine andere Art von Mensch gibt es für sie nicht. Falls sie jedoch anderen begegnen, sind die Fremden in ihren Augen nabas, »Nichtyanomami«, und werden für die Rückkehrer einer verschollenen Yanomamigruppe gehalten, die in einer ihrer Legenden durch eine Flutwelle über die Schicht gespült worden ist. Die letzte Stufe ist für die Indianer gleichbedeutend mit teuflischem Land. Wieder war ein Stück obere Schicht vom Himmel gefallen und bis zur letzten durchgedrungen. Die bedauernswerten Bewohner der Erdschicht wurden ohne ihre Pflanzungen und ohne Wildtiere in die Öde katapultiert und mußten nun verhungern. Indessen ließen sich die bösen Menschen namens Amahirihteri etwas einfallen und gingen – damals wie heute – auf Raubzüge nach Kinderseelen, die sie unerbittlich verspeisten.

Liegt ein Kind im Sterben oder ist ernsthaft krank, macht sich die Familie auf den Weg in den Wald, um die Seele wieder einzufangen. Ändert sich der Zustand des Kindes nicht, versucht der Schamane die Amahiritheri durch Trancetänze zu vertreiben.

Stirbt eine Person, wird der Leichnam unter Klagegesängen bis zur feinen Asche verbrannt und die Überreste, wie Gebiß oder Knochen, in hochliegenden Bäumen verwahrt. Seine Besitztümer und alles, was an seine Person erinnert, wird unter Aufsicht der Angehörigen vernichtet. Nichts darf mehr von ihm übrigbleiben, auch sein Name darf nie wieder ausgesprochen werden.

Beim Verbrennungsvorgang wird seine Seele, nobolebe, frei und vereint sich mit seiner Schattenseele, noreshi. In ihrer hochkomplizierten Anschauung über die verschiedenen Arten von Seelen ist die Schattenseele eine Seele, die während ihrer Lebenszeit auf der Hei-ka-misi-Schicht, also der Erdplatte existiert und sich in der Tier- oder Pflanzenwelt befindet. Männer haben ihr noreshi in der höherliegenden Tierwelt. Zum Beispiel finden sie es in einem Affen oder in den Vögeln wieder, die Frauen dagegen in Gürteltieren oder Schlangen. Noreshis können auch vererbt werden, das heißt, der Sohn empfängt die Schattenseele des Vaters und die Tochter die Schattenseele der Mutter. Kritisch wird es, wenn ein Jäger auf der Jagd sein eigenes noreshi tötet, was bedeutet, daß er quasi Selbstmord begeht.

Die Yanomami umgehen dieses Problem, indem sie glauben, daß der Jäger und das Tier seiner Schattenseite die gleiche Gegend meiden. Handelt es sich bei dem Toten um einen Krieger, gelangt seine aufsteigende Seele, hedu, ins Pfeildorf. Freundliche, hilfsbereite Yanomami kommen nach dem richterlichen Zuspruch Wadawdariwas ins Paradies

Schwarz ist die Farbe des Todes. Stirbt ein Yanomami, bestreichen sich die Männer die Gesichter mit Ruß und tragen den hier abgebildeten Totenkranz aus Vogelflaum auf dem Kopf.

der Pijiuaopalme, die immer Früchte trägt. Während die der schlechten Charaktere für immer den Tod in der Feuerhölle finden.
Die Asche des Verstorbenen wird in Kalebassen gefüllt und für das Totenfest unter dem Dach aufgehoben. Freunde und Angehörige beschmieren sich mit schwarzer Farbe und versammeln sich unter Klagegesängen im Shabono des Toten. Die Zeremonie findet manchmal erst nach ein paar Tagen oder Wochen statt, denn es vergeht eine Zeit, bis die Nachricht zu allen Verwandten in die benachbarten Dörfer gelangt. Wurde die tote Person sogar ermordet, können zum Teil Monate vergehen, bis die nächste Dorfsitzung einberufen wird, um den darauffolgenden Rachefeldzug zu planen. In solchen Fällen wird die Asche bis zu diesem Zeitpunkt von der Ehefrau aufbewahrt.
Das Trinken der Überreste, die mit Bananenbrei im Trog vermengt werden, schließt das Ritual des Totenfestes ab. Mit diesem Akt des Endokannibalismus, dem Verzehren des Körpers der eigenen Gruppe, übernehmen die Yanomami in ihrem Glauben die Lebensenergie des Verstorbenen, der nun in ihrer Sippe weiterleben kann.

Ara Xinakö – Arafedern. Detail einer Oberarmbinde eines Yanomami-Mannes, die dieser beim Totenfest getragen hat.

Während ich versunken im Shabono stand und auf den leeren Trog starrte, berührte ein männlicher Yanomami meine Schulter und machte mir verständlich, daß ich ihm folgen solle. In seiner Hand trug er unverkennbar das Blasrohr für Ebene, einem Rauschmittel. Er mußte folglich der Schamane sein.
Wakarama, eine ältere Frau, war erkrankt und lag abgemagert in ihrer Hängematte, umringt von ihren zwei Töchtern. Der Schamane, Shaboliwa, war zur zweiten Sitzung gekommen, um seinen Einfluß auf die Geisterwelt für seine Heilungsmethode zu nutzen.
Da Krankheiten für die Yanomami immer magischen Kräften zuschreiben sind, sollen mit Hilfe Shaboliwas die bösen Geister, die sich nun im Körper der Kranken festgesaugt haben, vertrieben werden.
Mit halluzinogenen Schnupfmitteln tritt der Schamane in das Reich der Hekura, der Waldgeister, ein und versucht, sie in den Leib des Erkrankten zu locken.
Doch das Aufspüren der Hekura ist nicht leicht. Die anspruchsvollen Waldgeister lieben das Schöne, und erst nachdem der Shaboliwa sich

eine Palmenblattgloriole um die Stirn legte und sich reichlich mit Körperfarbe beschmierte, traten die winzigen weiblichen und männlichen Geister zu Tage. Es folgte nun das eigentliche Ritual.
Um die Hekura-Geister zu erkennen und Kontakt mit ihnen aufzunehmen, schnupfen die Schamanen Ebene, eine Droge, die aus den Samenkapseln des Piptadenia-peregrina-Strauches hergestellt wird.

Um die Heruka-Geister zu rufen, läßt der Schamane sich in einer rituellen Handlung Ebene, ein stark halluzinogenes Rauschmittel, in die Nase blasen und fällt danach in Trance.

Das Pulver vermischte er mit der Asche verschiedener Rinden und knetete es mit Spucke zu einer harten Masse zusammen. Mit einem langem Rohr, dem Mokohiro, blies sein Nachbar ihm das Rauschmittel in die Nasenlöcher.
Unter Würgen und Stöhnen taumelte der Mann durch den dunklen Raum wie ein wildgewordenes Tier. Dunkler Schleim rann ihm aus den Nasenlöchern, und mit seinen Händen wühlte er aufgeregt in seinen Haaren. Langsam fiel er in Ekstase und rieb und preßte seine Handflächen an den Bauch der alten Frau. Mit Gesängen zählte er die löblichen Taten der Geister auf, berichtete über deren Entstehung und ihre Wohnorte. Seine Stimme wurde immer lauter und lauter. Plötzlich griff er in die Luft und zog ruckartig an einer unsichtbaren Schnur, wickelte sie auf, zog sie wieder nach und schleuderte unter großem Gestikulieren den Krankheitsgeist aus dem Haus.
Sichtlich erschöpft sank er zu Boden und verließ den Shabono, als die Droge in ihrer Wirkung nachließ. Zur Heilung von Krankheiten stehen jedem Schamanen, dessen angesehene Stellung nur von einem Mann eingenommen werden darf, Heilpflanzen aus den Gärten zur Verfügung. Bei Bronchitis und Atemwegserkrankungen werden die Blätter des Engelstrompetengewächses genutzt oder der geschwächte Körper durch das Blätterkauen des Cocabaumes gestärkt. Andere magische Gewächse, die nicht in den Bereich der Rauschmittel fallen, dürfen die Yanomamifrauen für kleine Verzauberungszeremonien, den Suwa harö, nutzen, um zum Beispiel den müden Ehemann zu einem unersättlichen Lustverlangen zu stimulieren.
Was wäre die Vorstellungswelt der Yanomami jedoch ohne die Legenden vom König der Tiere, dem Jaguar? Sie haben Respekt, sie haben Ehrfurcht und fühlen sich sehr mit der Raubkatze verbunden. Seine Art zu jagen als Notwendigkeit fürs Überleben im Tropenwald kommt der der Yanomami nahe.

Der Jaguar ist allgegenwärtig. Er spiegelt sich in ihrem Alltag, den Festen und in ihren Vorstellungen des Kosmos. Kein Tier erfährt soviel Aufmerksamkeit wie er. Für sie ist er ein zweideutiges Wesen mit menschlichen Eigenschaften und räuberischen Naturinstinkten.

Die Legende von Peta, der ersten Frau auf Erden, und Kayakaya, dem Jaguar, beginnt mit der Umschreibung der wenigen Yanomami, die auf der Hei-ka-misi-Schicht leben. Die Frau war, wie wir gesehen haben, mit ihren vier Brüdern verheiratet, wobei dem Ältesten namens Horonami ein göttliches Sonderrecht auf Peta eingeräumt wurde. Der Erzählung nach umschlich eines Tages ein Jaguar den Shabono. Aus Angst beschlossen die Brüder, den Jaguar mit Pfeilen zu töten. Aber es war umsonst. Nachts, als das Dorf schlief, schlich die Wildkatze zu Peta in die Hängematte und beleckte ihr Gesicht. Als die Schöne aufwachte, offerierte er seine wahre Absicht und bat sie, seine Frau zu werden. Peta lehnte ab, und der Jaguar entführte sie zu seinem Bau in den Dschungel.

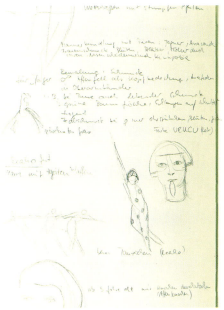 

Erschrocken erkannte Peta dort die tote Jaguarmutter, die drei Kleintiere hinterlassen hatte, die sofort das Saugen an ihrer Brust begannen.

Die Jungtiere wuchsen heran und erreichten die Größe ihres Vaters. Kayakaya ließ Peta immer noch nicht frei, und sein Bitten um Heirat wurde nicht bewilligt. Horonami fand mit seinen Brüdern Uruhi, Totori und Horema das Versteck, doch fielen sie beim Betreten der Höhle in eine Falle. Es wurde schlagartig dunkel, und unter Donnerblitz und Krachen erwachte die Jaguarmutter wieder aus dem Reich der Toten, und aus den Jaguarkindern wurden plötzlich junge wunderschöne Frauen. Das Jaguarpaar erschien nun in Gestalt von Perimbo und Pore, dem Götterpaar des Universums, die auf die Erde gekommen waren, um Peta zu prüfen. Als Belohnung erhielt sie die jungen Schwägerinnen, damit sie mit ihrem Mann allein leben konnte und in Zukunft die Eifersüchteleien zwischen den vier Ehemännern ein Ende hätten.

Manche Mythen der Yanomami sind vom erzieherischem Aspekt geprägt, andere dagegen sind phantastische Erzählungen, die von sexuellen Praktiken und Blutracheakten berichten.

Als das Licht am frühem Morgen die nächtliche Geräuschkulisse preisgab, und Tausende von Insekten von der aufsteigenden Hitze nach oben gedrückt wurden, lag der Rio Catrimani noch ruhig zwischen den bewaldeten Ufern. Bis plötzlich das Aufklatschen von Holzpaddeln die Stille zerschnitt.

Ein schwimmendes Streichholz wuchs zu einem erkennbaren Einbaum heran, dessen Insassen das baldige Eintreffen eines Motorbootes ankündigten. Ich hatte aufgehört, die Tage zu zählen, hatte mich hier eingerichtet und die Vorstellung zurückzukehren weit weggeschoben.

Jetzt würden nur wenige Stunden vergehen, bis die gebrachten Geschenke verteilt und meine persönlichen Dinge zusammengepackt wären.

In meiner kurzen, aber doch sehr prägenden Zeit wurde mir klar, wie anpassungsfähig der Mensch sein kann, welche naturverbundenen Kräfte, was für ein Wille zu überleben, in uns doch existieren.

Ich war ein Teil einer fremden Erlebniswelt geworden, die mich wiederum tief in meiner Seele berührt hat.

Wie tief, sollte mir erst in den folgenden Wochen und Monaten bewußt werden.

Die Rückfahrt war viel zu kurz. Catrimani, die Missionsstation, fand ich vor, wie ich sie verlassen hatte. Der Hühnerstall war wieder mit Schildkröten gefüllt, irgend jemand schlug Maiskolben in der Pflanzung, und vereinzelt lugten Yanomami durch die netzbespannten Küchenfenster.

Als schließlich das Buschflugzeug auf der schmalen Schotterpiste zum Start ansetzte, rannte ein kleines aufgeregtes Wesen nebenher.

Es war Shila.

Aufregung im Dorf. Ein Gast ist angekommen, der nach den gesellschaftlichen Regeln der Yanomami Wohnraum und Verpflegung in Anspruch nehmen darf. Mir wurde eine Feuerstelle zugewiesen, die der des Anführers Puuxima gegenüberlag.

Vorhergehende Doppelseite: Gespannte Erwartung bei meiner Ankunft beim Stamm der Mauxiiutheri oberhalb des Catrimaniflusses.

Die Dorfgemeinschaft kann rasch anwachsen, sei es durch Geburten oder durch das Zuziehen von Verwandten, die nach der Hochzeit eines Paares durchaus den Stamm wechseln. In der Regel spalten sich Gruppen ab, wenn die Zahl mehr als einhundertundfünfzig bis zweihundert Menschen beträgt.

Die eng aneinander gewebten Palmenblätter färben sich nach einiger Zeit goldgelb und geben dem Wasser nach. Die Eingangstür ist sehr klein gehalten und wird zusätzlich am Abend mit Reisig verdeckt, um bei Gefahr durch umherstreunende Tiere das Knacken des trockenen Holzes zu hören.

Es ist schwierig, im Regenwald große Beute zu machen, weil der nur mit Pfeil, Bogen und Holzköcher ausgerüstete Indianer äußerst schnell und absolut sicher reagieren muß. Um die Beute sicher zu treffen und die Dosis des Pfeilgiftes richtig zu mischen, bedarf es sehr viel Übung und vieler traditioneller Kenntnisse.

Oben: Eisenwaren sind begehrte Tauschobjekte. Mein Schweizer Taschenmesser faszinierte die Yanomami, die es zum Schnitzen, Haareschneiden und für medizinische Eingriffe verwendeten.

Rechts: Die Früchte der Roshepalme bestehen aus einem ölhaltigen Fruchtfleisch. Mit einer a-förmig konstruierten Treppe klettern die Yanomamimänner bis zu der zwanzig Meter hohen Palmenkrone, um an die nahrhaften Stauden zu gelangen.

Oben: Yanomamifrauen gebären ihre Kinder in der Hockstellung im Wald. Verwandte Frauen dürfen dabei helfen. Ist das Neugeborene gesund, wird es mit roter Urucufarbe angemalt.

Rechts: Sikima fädelt geduldig die eingetauschten Glasperlen zu Ketten. Die Schale wird aus der Coitefrucht hergestellt.

Oben: Hängematten sind meist aus Baumwolle und durch eine wochenlange Knüpfarbeit entstanden. Die einfachere Version besteht aus einem einzigen Palmwedel.

Links: Jede Kernfamilie besitzt eine eigene Feuerstelle, die zum Kochen und Wärmen lebensnotwendig ist. Wichtigste Aufgabe der Frauen ist es, für genügend Brennholz und gargekochte Speisen zu sorgen. Seit den ersten Kontakten zur »Zivilisation« durch andere Indianerstämme oder Missionare haben Stahlwaren Einzug in die Shabonos gehalten.

Karisa hat ihre Kochbananen an einer Liane über ihre Feuerstelle gehängt.

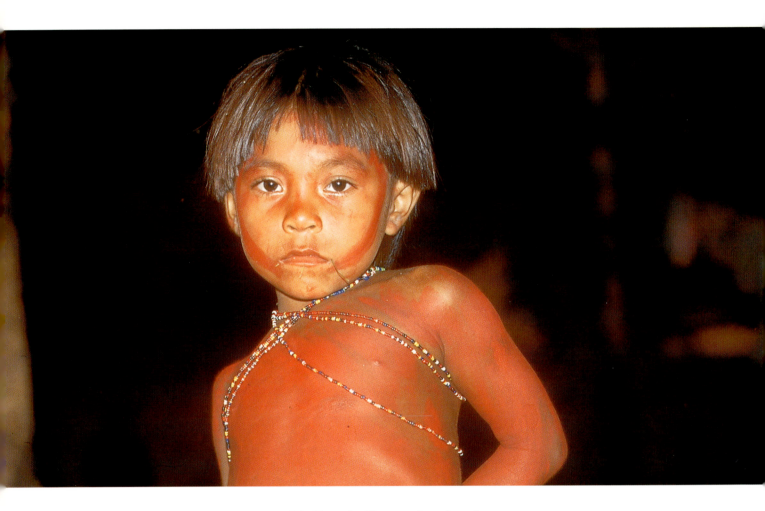

Die Haare der Yanomami werden mit
scharfen Gräsern exakt geschnitten.
Kinder und Frauen tragen zum Schmuck
farbige Glasperlen über der Brust
gekreuzt.

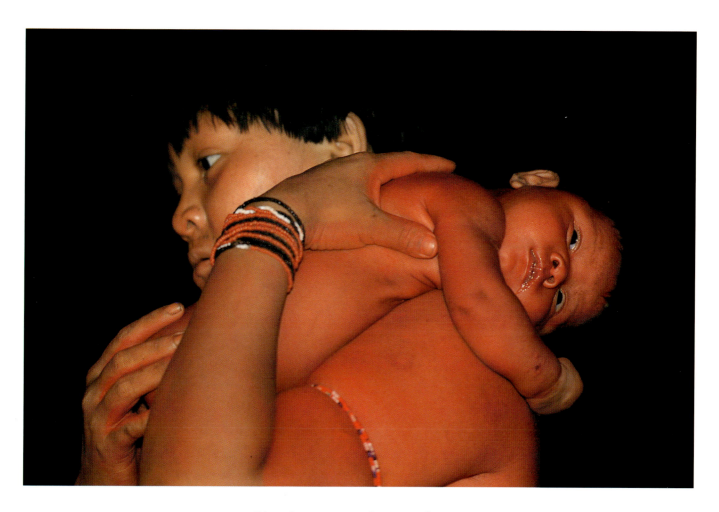

Die stolze Mutter mit dem Neugeborenen hat ihren Körper und den des Kindes mit roter Farbe beschmiert, als Schutz gegen die bösen Geister, die sonst versuchen, die Seele des Kleinen zu verwirren.

Oben: Täglich wird das Jagdwerkzeug geprüft. Vier Pfeilspitzen bestimmen die Ausrüstung eines Jägers: Eine lanzenartige rotbemalte Spitze wird für die Jagd auf kleine Säugetiere verwendet; eine messerscharfe, aus einem Affenknochen hergestellte für die Jagd nach Fischen; eine gabelartig-verzweigte Spitze für das Vogelschießen und hochgiftige Curarepfeile für große Säugetiere.

Rechts: Eine junge Yanomamifrau, die die Zeichen der Wasserschlange auf ihren Wangen trägt, zieht auf traditionelle Weise die Baumwolle durch die Füße und spult den Faden auf ein Stück Holz.

In der Lebensgemeinschaft der Yanomami hat ein jeder ganz bestimmte Aufgaben, die zum Erhalt der Sippe beitragen. Das junge Paar hat nach der Heirat einen Platz im Shabono zugeteilt bekommen, und der junge Mann zeigt seiner Ehefrau die neu angefertigten Jagdpfeile.

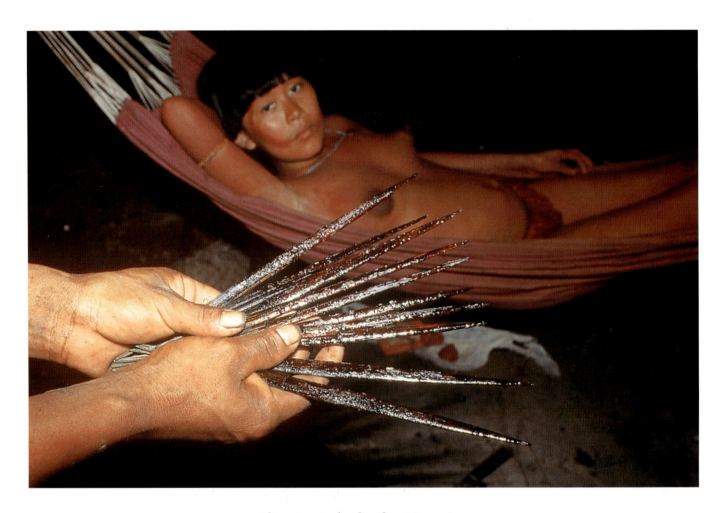

Oben: Zur Jagd auf größere Tiere, wie z. B. Tapire oder Jaguare, verwenden die Männer vergifte Curarepfeile. Die toxische Substanz wird durch eine aufwendige Prozedur aus curarinhaltigem Strychnacean hergestellt.

Rechts: Der Schamane des Stammes der Mauxiitheri deckt das Dach mit frischen Palmwedeln.

Für junge Männer und Frauen gibt es keine nennenswerten Initiationsriten oder andere besondere Festlichkeiten auf ihrem Weg zum Erwachsenwerden. Doch schon in jungen Jahren findet die Rollenverteilung statt. Die Jungen lernen frühzeitig zu kämpfen und zeigen sich gern und voller Stolz mit Pfeil und Bogen.

Nächste Doppelseite: Kinder gibt es in jedem Stamm sehr viele. Sie sind eine Art Sicherheit für die nachfolgenden Generationen. Die Kindersterblichkeit ist jedoch noch immer erschreckend hoch. Die harten Lebensbedingungen und eine unausgewogene Ernährung waren meist die Ursache dafür. Inzwischen ist jedoch die Gefahr durch eingeschleppte Krankheiten, gegen die die Yanomami nicht resistent sind, enorm gewachsen. Und auch das Vordringen der Goldsucher und das Abholzen des Regenwaldes drohen eines der letzten Naturvölker dieser Erde zu vernichten.

Danksagung

Mein herzlicher Dank gilt vor allem den Yanomamistämmen, die mich in ihren Hütten willkommen aufnahmen, sowie den Missionaren
und Mitarbeitern der Mission Catrimani, die
mich in meiner Arbeit unterstützten und mich
frei recherchieren ließen.

Weiterhin danke ich der Fundacão National do
Indio (FUNAI), und dort ganz besonders
Otilia Da Escossia Nogueira (FUNAI Brasili-
en), Eduardo Barnes (FUNAI Brasilien),
Valther Nicanor Blos (FUNAI Boa Vista), Elis
Correia (FUNAI Boa Vista), Manuel Tarars
(FUNAI Boa Vista).

Ebenso gilt mein Dank dem Konsul der Bun-
desrepublik Deutschland in Manaus, Herrn
Martin Klaus Klenke, Frau Prof. Rita Ramos
von der Universität Brasilia sowie Herrn Dr.
Jürgen Helbig vom Völkerkunde Museum in
München.

© 1997 nymphenburger in der
F.A. Herbig Verlagsbuchhandlung Gmbh,
München.
Alle Rechte auch der photomechanischen
Vervielfältigung und des auszugsweisen
Abdrucks vorbehalten.
Lektorat: Sabine Jaenicke
Umschlag und Layout: Wolfgang Heinzel
Druck und Binden: Artegrafica, Verona
Printed in Italy
ISBN 3-485-00768-4